D1574436

covadonga

PHILIPP KÖSTER

Lötzsch

Der lange Weg eines Jahrhunderttalents

Philipp Köster:
Lötzsch. Der lange Weg eines Jahrhunderttalents.

Covadonga Verlag, Bielefeld
1. Auflage, 2004
ISBN 3-936973-12-1

Fotos: Archiv Wolfgang Schoppe, Hennes Roth,
Wolfgang Lötzsch privat, Werner Marschner privat

Covadonga ist der Verlag für Radsportliebhaber. In unserem Programm finden Sie Romane, Biografien, Sachbücher und Geschichtensammlungen rund ums Velo. Stets im Mittelpunkt: die großen Rennen und ihre Akteure.

Über den Radsport hinaus erscheinen in unserer Edition »tête de la course« auch regelmäßig ungewöhnliche Reiseerzählungen, bei denen neben dem Rennrad hin und wieder auch andere Fortbewegungsmittel eine Rolle spielen.

Besuchen Sie uns im Internet: www.covadonga.de

INHALT

Prolog 7

Ein Zettel mit blauer Tinte 9

Damenrad im Schulausscheid 15

Ideale Hebelverhältnisse 23

Letzte Ausfahrt Karl-Marx-Stadt 32

Also zerstören wir! 41

Gänsehaut und Butterbemme 45

Achtlos liegen gelassen 55

Bis zur Klärung des Sachverhalts 64

Eine veränderte Sachlage 74

Gretchenfrage am Amalienpark 82

Der lange Polterabend 91

Acht Quadratmeter Kaßberg 99

Ein positives Umfeld   **110**

Persönliche Aussprachen   **117**

Ein verlockendes Angebot   **124**

Knüppelpflaster und ein Kofferradio   **132**

Kandidat der Arbeiterklasse   **142**

Eine neue Welt   **151**

Aufrecht im Sattel   **159**

Eine Karriere in Bildern   **161**

Eine Karriere in Zahlen   **241**

Quellenhinweis   **247**

Der Autor   **249**

Namensregister   **250**

Prolog

Wenn Wolfgang Lötzsch nicht mehr nachdenken möchte, dann setzt er sich auf sein Fahrrad und fährt seine Lieblingsstrecke über Weißbach und Scharfenstein nach Schmalzgrube und zurück. Nicht mehr nachdenken darüber, was gewesen wäre, wenn...

Wenn er damals im Jahre 1971 in die SED eingetreten wäre. Wenn sein Vater nicht gegenüber Funktionären gesagt hätte, es gäbe in der DDR keine Pressefreiheit. Wenn nicht gleichzeitig der Eiskunstläufer Günter Zöller in den Westen geflüchtet wäre. Und wenn nur ein Funktionär des Sportclubs Karl-Marx-Stadt ihm vertraut hätte. Vielleicht wäre Wolfgang Lötzsch heute ein ehemaliger Weltmeister, ein Olympiasieger, ein mehrfacher Gewinner der Friedensfahrt. Ein Sportidol, weit über Chemnitz und Deutschland hinaus bekannt.

Wolfgang Lötzsch hatte alle Anlagen. Er war ein Jahrhunderttalent. »Das größte Talent der DDR«, sagt der ehemalige Nationaltrainer Wolfram Lindner noch heute. Aber dann erschien er dem Staat, für den er Medaillen holen sollte, als nicht mehr zuverlässig. Erst stieß man ihn aus,

7

dann schikanierte und bespitzelte man ihn und schließlich steckte man ihn ins Gefängnis. Die Akte des Wolfgang Lötzsch bei der Staatssicherheit umfasste 1.500 Seiten Papier. Schwarz auf weiß steht darin, wie er binnen Jahresfrist vom Hoffnungsträger zum Staatsfeind wurde. Wie ihn Freunde verrieten und Arbeitskollegen verpfiffen. Aber auch, wie sehr der Staat ihn gefürchtet hat.

Denn Lötzsch ist nicht zerbrochen wie so viele vor und nach ihm. Er hat dem Staat die Stirn gezeigt. Er ist weiter Rad gefahren – gegen die Nationalfahrer und gegen den inneren Schweinehund. Er hat Rennen gewonnen, die nicht zu gewinnen waren, mit einem zwanzig Jahre alten Rahmen gegen die hochgerüstete Konkurrenz. Und er hat widerstanden, als sie ihn großzügig wieder aufnehmen wollten, wenn er nur mit ihnen zusammenarbeiten würde. Er hat widerstanden. Aber er hat einen hohen Preis gezahlt. Weil es verlorene Jahre waren. Im Westen wäre Wolfgang Lötzsch reich geworden, im Osten berühmt.

Heute hat er sein Auskommen und ein Haus in Chemnitz. Und der Radsport hat ihn nicht losgelassen. Als Mechaniker im Profi-Team Gerolsteiner wartet er die Räder solcher Stars wie Davide Rebellin, Georg Totschnig und Danilo Hondo. »Ich bin zufrieden«, sagt er. Es ist nicht die Gegenwart, die schmerzt.

Wolfgang Lötzsch tritt energisch in die Pedale, fährt über Weißbach, Scharfenstein nach Schmalzgrube. Das Gesicht im Wind, die Sonne in den Speichen. Und kein Gedanke mehr an 1.500 Seiten Papier.

Ein Zettel mit blauer Tinte

Es ist März geworden im Jahre 1992, und Wolfgang Lötzsch hat nun doch einen Antrag auf Einsicht in seine Akte gestellt. Weil ihn Freunde gedrängt haben, weil sein langjähriger Weggefährte Wolfgang Schoppe auch schon einen solchen Antrag gestellt hat, weil es wohl einfach an der Zeit ist. Rund zwanzig Jahre ist es nun her, dass alles begann, nun will er wissen, warum alles so gekommen ist. Eines Tages liegt ein Schreiben von Joachim Gauck, dem Bundesbeauftragten für die Unterlagen der Staatssicherheit, im Briefkasten. Die Akteneinsicht ist genehmigt, wird Wolfgang Lötzsch mitgeteilt. Nun wartet er voller Ungeduld auf einen Termin.

Seine Akte, das weiß er, liegt im Jagdschänkenweg in Chemnitz, in einem achtgeschossigen Hochhaus, in dem früher die Bezirksverwaltung Karl-Marx-Stadt der Staatssicherheit residierte. Inzwischen verwaltet dort eine Außenstelle der Gauck-Behörde deren Nachlass und die Akten.

Lötzsch kennt das Gebäude, sie haben ihn schließlich oft genug dorthin vorgeladen. Als er in der Außenstelle anruft, um einen Termin zu vereinbaren, fragt er die Sachbearbeiterin, bis wann denn geöffnet sei. »Wir schließen um vier Uhr«, antwortet sie und Lötzsch sagt leichthin: »Dann komme ich um halb vier vorbei!« Da bittet die Sachbearbeiterin um eine Sekunde und schaut in ihrer Liste nach dem Namen »Lötzsch, Wolfgang« und nach den Beständen. Dann sagt sie langsam: »Ich denke, Sie sollten etwas mehr Zeit mitbringen.« Und wie sie das so sagt, da denkt Wolfgang Lötzsch auch, dass das wahrscheinlich am besten ist.

Am Abend vor dem Termin in der Außenstelle sitzt er im Wohnzimmer seines Hauses am Chemnitztalweg und kann die bangen Gedanken nicht mehr verscheuchen. Wer mag wohl Berichte über ihn geschrieben haben? Waren es Arbeitskollegen? Andere Radsportler? Ihm fällt ein Mitarbeiter des Sportclubs Karl-Marx-Stadt ein und ein Teamkollege aus der Betriebssportgemeinschaft, der immer argwöhnisch nachfragte »Wo hast du denn das her?«, wenn Wolfgang Lötzsch wieder einmal mit neuen Ersatzteilen aus dem Westen zu einem Rennen kam. Aber sonst? Vielleicht haben ihn Freunde bespitzelt? Er grübelt noch bis spät in die Nacht und ist dann beruhigt. Es fällt ihm niemand ein – beim besten Willen nicht.

Am nächsten Tag ist Wolfgang Lötzsch überpünktlich im Jagdschänkenweg. Er meldet sich an der Pforte, die Leiterin der Außenstelle holt ihn ab und führt ihn in ihr Büro in der zweiten Etage. Dort erklärt sie ihm, wie mit den Akten nach dem Gesetz verfahren wird: Dass er kein einziges Blatt Papier aus seiner Akte mitnehmen darf, aber alles kopieren lassen kann. Und dass noch lange nicht alle Decknamen der Inoffiziellen Mitarbeiter bereits entschlüsselt sind. »Das wird noch dauern«, sagt sie: »Wir stehen da gerade erst am Anfang.«

Wolfgang Lötzsch nickt, dann führt sie ihn ins Lesezimmer der Außenstelle, seine Akte liegt dort bereits auf dem Tisch. Er hat mit einer umfangreichen Akte gerechnet, 500 Seiten dick vielleicht. Doch die Akte »Lötzsch, Wolfgang« besteht aus vier prall gefüllten Ordnern mit 1.500 Seiten Papier – fein säuberlich abgeheftet. Es sind zahllose Vermerke, Anordnungen, Berichte, Abschriften, Fotos, Protokolle und Notizen.

Wolfgang Lötzsch setzt sich auf einen Stuhl und beginnt zu lesen. Es ist eine Reise zurück in seine Jugend und Kindheit. Ein Vermerk über die Herkunft seiner Eltern liegt zuoberst, dann ein Fragebogen, den die Eltern einst ausfüllen mussten, damit der zwölfjährige Wolfgang auf die Kinder- und Jugendsportschule wechseln durfte. Auch Aktennotizen über die entscheidende Sitzung des Sportclubs Karl-Marx-Stadt finden sich, anschließend wurde er aus dem Verein geworfen. Jede Seite liest er sorgfältig und Zeile für Zeile. Es ist bereits später Nachmittag, draußen wird es schon dunkel, und Wolfgang Lötzsch hat nicht einmal hundert Seiten seiner Akte gelesen. Er muss wiederkommen, um weiterzulesen.

Mit vielen Namen im Kopf fährt er nach Hause. Er weiß jetzt, dass sein Trainer Roland Kaiser »Siegfried Polland«

hieß, dass sich der Direktor der Jugendsportschule Bernd
Egert den Namen »Remmert« gab und dass Karl-Heinz
Koschmieder, der gutmütige Masseur im Sportclub Karl-
Marx-Stadt, bei der Staatssicherheit unter dem Namen
»Andreas Schmied« geführt wurde. Auch seine Chefin in
der Gärtnerei hat Berichte über ihn geschrieben und zwei
Mitstudenten an der Technischen Universität Karl-Marx-
Stadt. Manche Klarnamen von Informellen Mitarbeitern
sagen ihm nichts, auch bei längerem Nachdenken nicht.
Vielleicht hat er sie nur ein oder zweimal in seinem Leben
gesehen, nur zufällig und beiläufig sind sie in seine Akte
geraten. Aber er nimmt sich vor, mit allen zu sprechen, die
Berichte über ihn geschrieben haben. Er wird hingehen
und eine einzige Frage stellen: Warum?

Am nächsten Tag sitzt er pünktlich um zehn Uhr wieder
im Lesezimmer am Jagdschänkenweg und liest fieberhaft
in seiner Akte. Und immer wieder wird ihm flau in der
Magengrube. Natürlich, er wusste, dass sie ihn über Jahre
beobachtet hatten. Ihn kann nicht überraschen, dass
seine Fahrten nach Berlin nicht unbemerkt geblieben
waren. Aber nun begreift er, dass die Staatssicherheit ihn
nahezu vollständig kontrolliert hat – und das über Jahre.

Er findet Aufnahmen von abgehörten Gesprächen in seiner Wohnung, gestochen scharfe Fotos von ihm, aufgenommen bei seinen Besuchen in der Ständigen Vertretung der Bundesrepublik Deutschland in Berlin, und aus-
führliche Vernehmungsprotokolle aus dem Gefängnis.
Nun erst erfährt er, dass auch im Haus seiner Eltern

Abhörwanzen installiert waren, dass er während seiner Haft gesundheitlich ruiniert werden sollte und dass sie insgesamt fünfzig Informelle Mitarbeiter auf ihn angesetzt hatten. Fünfzig!

Wieder daheim, am späten Abend, klettert Wolfgang Lötzsch im Wohnzimmer auf einen Stuhl und klopft gegen den Querbalken in der Zimmerdecke. Es klingt hohl, und als er die Tapetenverkleidung abreißt, findet er dahinter zwei voll funktionstaugliche Wanzen.

In den folgenden Wochen ist Wolfgang Lötzsch viel unterwegs in Chemnitz. Bei Roland Kaiser, bei Karl-Heinz Koschmieder, bei Bernd Egert und vielen anderen, die Berichte geschrieben haben und deren Namen er in der Akte gefunden hat, wird er vorstellig. Warum haben sie die Berichte geschrieben? Diese Frage stellt er allen und hofft auf Erklärungen, die er versteht. Dass die Schreiber zur Mitarbeit gezwungen wurden. Dass sie nicht wussten, was mit ihren Berichten passiert. Dass sie Angst hatten. Dass sie keine Wahl hatten. Aber die meisten erklären sich nicht. Sie schweigen, manche komplimentieren ihn einfach hinaus, und am Ende hat sich nicht ein Einziger bei Wolfgang Lötzsch entschuldigt.

Ein paar Monate später macht Wolfgang Lötzsch noch einmal einen Termin im Jagdschänkenweg. Noch einmal lässt er sich die Akte vorlegen, noch einmal studiert er akribisch Seite um Seite. Und gerade ist er in das Protokoll einer Abhöraktion vertieft, da stutzt er plötzlich. Auf einem Zettel hat ein Inoffizieller Mitarbeiter seine Beob-

13

achtungen über Wolfgang Lötzsch notiert, handschriftlich mit blauer Tinte.

Den Decknamen dieses IM weiß er nicht zuzuordnen: »Wolfgang Lindner«. Ganz ähnlich hieß ja in jungen Jahren einer seiner Trainer. Wolfram Lindner aber kann es gewiss nicht sein. Doch wer war es dann?

Es sind nur ein paar Worte, hingeworfen auf einen Zettel, die Wolfgang Lötzsch immer wieder so konzentriert liest. Er starrt auf das kleine Papier in der Akte und denkt bei sich, dass er diese Schrift doch kennt. Nur woher?

Die Frage lässt ihm keine Ruhe, auch wenn er weiterblättert, andere Papiere liest und sich in Vermerke vertieft. Woher kennt er diese Schrift? Am Abend fährt er nach Hause, die Kopien seiner Akte stehen auf dem Beifahrersitz seines Wagens. 1.500 Seiten, in vier Ordnern gesammelt. Und als er in den Chemnitztalweg einbiegt, fällt ihm endlich siedend heiß ein, woher er die Schrift auf dem Zettel kennt.

Damenrad im Schulausscheid

Wolfgang Lötzsch ist sechs Jahre alt, als er das erste Mal auf einem Rad sitzt. Die ersten Tritte sind noch ungelenk, und eigentlich ist das Damenrad seiner Mutter auch nicht für einen kleinen Jungen geeignet. Aber der Vater hat ihn nun einmal in den Sattel gesetzt, und nun fährt er schwankend die ersten Meter. Beinahe scheint es so, als würde er stürzen, aber Wolfgang fängt sich und das Rad. Dann fährt er Meter um Meter. Am Ende ist er gar nicht mehr herunterzubekommen vom Rad seiner Mutter. Nur ein paar Tritte in die Pedale, und schon hat er gemerkt, dass ihn das Radfahren glücklich macht – glücklicher als alles andere auf der Welt. Im Sattel zu sitzen, das Gesicht im Wind, die Sonne in den Speichen.

Seit diesem Tag, da ihm sein Vater hinauf geholfen hat, steigt Wolfgang Lötzsch nur noch vom Rad, wenn er unbedingt muss. Wenn die Schule ruft oder die Mutter zum Essen. Mittags ist es nun stets das gleiche Spiel. Kaum ist er aus der Schule zurück, wirft er den Ranzen in hohem Bogen in sein Zimmer, setzt sich aufs Rad und fährt davon. Das Chemnitztal saust er hinunter, die Leipziger Straße entlang. Oft fährt er allein bis zum Autobahnzubringer in Richtung Leipzig und kehrt erst dann um. Vielen Vereinsfahrern begegnet er dabei, die über den Jungen schmunzeln, der da so fleißig auf dem Damenrad in Richtung Zubringer strampelt. Anfangs ist er bei solchen Fahrten schnell aus der Puste, doch schon bald hält es ihn immer längere Strecken im Sattel.

Es sind glückliche Monate, glückliche Jahre. Weil ihn die Eltern fahren lassen und weil er merkt, wie er durch die endlosen Nachmittage im Sattel immer besser wird. Doch als der Sommer beginnt, sitzt er oft nicht auf dem Rad, sondern hängt am Radio. Denn dort bringen sie die Übertragungen von der Friedensfahrt: Das Etappenrennen durch die sozialistischen Länder, die Tour de France des Ostens, zieht auch Wolfgang Lötzsch in seinen Bann.

Anders als andere sportliche Großereignisse, die ebenfalls als Konkurrenz zu westlichen Veranstaltungen geplant wurden, ist die Friedensfahrt Mitte der sechziger Jahre in der DDR längst zum sportlichen Mythos geworden. Wenn die Etappen der Rundfahrt durch Sachsen und durch das Erzgebirge führen, dann säumen Hunderttausende begeisterter Zuschauer die Straßen. So groß soll die Euphorie gewesen sein, dass sich kein Baum mehr finden ließe, an dem man unauffällig einem menschlichen Bedürfnis hätte nachgehen können, notieren die Zeitungen beeindruckt.

Wie so viele andere Jungen kennt auch Wolfgang Lötzsch die Namen derer auswendig, die da vorneweg fah-

16

ren: Er kennt den DDR-Fahrer Klaus Ampler, den Russen Gennadi Lebedjew und Jan Smolik aus der Tschechoslowakei. Und er kennt vor allem Dieter Wiedemann, seinen Cousin und sein großes Idol.

Wiedemann ist Radsportler, ein wirklicher Radsportler im Nationalkader. Dritter wird er bei der Friedensfahrt 1964. Kein Zweifel, Dieter Wiedemann ist einer der besten Straßenfahrer der noch jungen DDR, er steht vor einer großen Karriere. Bis er sich anlässlich eines Rennens in Gießen entschließt, im Westen zu bleiben, und von heute auf morgen in der DDR als Hochverräter gilt.

Die Familie Lötzsch erfährt von der Flucht erst nur bruchstückhaft – durch vereinzelte Andeutungen aus der Verwandtschaft. Es ist eine heikle Sache, denn auch entfernt verwandt zu sein mit einem, der geflohen ist, ist in der DDR der sechziger Jahre höchst verdächtig. Schließlich liegt ein Brief von Wiedemann im Postkasten, mit westlicher Briefmarke und den besten Wünschen. Und Alfred Lötzsch sagt: »Gut hat er das gemacht!«

Für Wolfgang Lötzsch ist das alles noch weit weg. Natürlich bleibt Wiedemann sein Idol, da sind Dreizehnjährige treu. Und dann dreht er das Radio noch einmal lauter, wenn sich die Stimme des Reporters knarzend aus dem Röhrengerät meldet und vom erbitterten Kampf der Fahrer an der steilen Wand von Meerane berichtet – jenem unvermittelten Anstieg direkt hinter einer Linkskurve, der die Fahrer auf nur 1,1 Kilometern so unglaub-

17

lich ins Schwitzen bringt. Das wäre es doch, sagt er zu sich, selbst einmal mitzufahren, dabei zu sein im großen Pulk der Friedensfahrer – am Hinterrad der Stars, umjubelt von Hunderttausenden an der Strecke. So wie Ampler und all die anderen.

Doch noch ist das große Etappenrennen nur im Radio zu hören und sehr weit weg von der Chemnitztalstraße in Karl-Marx-Stadt. Da trifft es sich gut, dass auch die Oberschule Furth anlässlich der Friedensfahrt 1965 einen kleinen Schulausscheid fährt. Es ist ein harmloses Rennen, lediglich ein paar Kilometer misst die Strecke, auf der die Jungen der Schule um die Wette strampeln sollen. Und nur wenige Schüler haben Rennräder mit schmalen Reifen und echten Rennlenkern.

Wie viele andere steht auch Wolfgang Lötzsch mit seinem Tourenrad auf der Straße – mit Schutzblechen, einer Klingel und einer Rücktrittbremse. Und doch, das merkt er schnell: Er kann mithalten mit den kräftigeren Mitschülern auf den schnellen Rädern. So stark tritt er in die Pedale, so wuchtig ist sein Antritt, dass er am Ende stolzer Zweiter des Schulausscheides wird.

Erst einige Minuten später kommen viele der vorher noch so selbstbewussten Konkurrenten ins Ziel und stützen sich enttäuscht auf die Lenker ihrer blitzend neuen Rennräder. Zweiter, das ist doch etwas, denkt sich Wolfgang Lötzsch, aber das nächste Mal möchte ich gewinnen. Und ohne es zu merken, ist er endgültig und für immer dem Radsport verfallen.

18

Doch es muss sich etwas ändern. Er ist doch jetzt ein junger Radsportler, aber noch immer muss er seine Trainingsrunden auf einem alten Tourenrad drehen. Wenn er das Rad aus der Einfahrt schiebt, schämt er sich für den klobigen, schweren Stahlrahmen und den altertümlich gebogenen Lenker.

Da trifft es sich gut, dass Wolfgang Lötzsch am 18. Dezember Geburtstag feiert: Das ist nah an Weihnachten und eine gute Voraussetzung für ein großes Geschenk von den Eltern. Doch die machen es spannend, und erst, als er ins Wohnzimmer darf, wo bereits die Lichter des Weihnachtsbaumes brennen, macht sein Herz einen großen Sprung. Denn am Sofa lehnt sein erstes Rennrad.

Genau 643 Ost-Mark hat das Rad der Marke »Diamant« die Eltern gekostet. Es hat eine Zehn-Gang-Schaltung, schmale Reifen und keine Schutzbleche. In der Nacht findet Wolfgang Lötzsch kaum Schlaf. Er kann es nicht erwarten, die Füße in die Pedalschlaufen zu stecken und loszufahren – den Glücksberg hinunter, die Leipziger Straße entlang, zum Autobahnzubringer. Am nächsten Morgen fährt er früh los und dem Sonnenaufgang entgegen. Wie leicht es sich nun fährt, ohne den wuchtigen Ballast des stählernen Tourenrades. Wie gut es sich doch anfühlt, auf einem richtigen Rad zu sitzen.

Die Eltern betrachten die Begeisterung des Sohnes mit gemischten Gefühlen. Nachmittags ist Wolfgang kaum noch daheim, die Schularbeiten werden nur noch nebenher erledigt.

19

In den folgenden Monaten sieht man Wolfgang Lötzsch immer wieder in der Nähe der Geschäftsstelle des Sportclubs Karl-Marx-Stadt. Dort, wo sie richtige Rennen fahren, wo Trainer die Jugendfahrer ausbilden, wo sie in Gruppen zum Training fahren. Und eines Tages, nach der Schule, geht Wolfgang Lötzsch in die Geschäftsstelle und lässt sich einen Mitgliedsantrag der Sektion Radsport aushändigen. Zuhause legt er den Antrag auf den Wohnzimmertisch, die Eltern müssen unterschreiben. Sein Vater hat nichts dagegen, doch die Mutter macht sich Sorgen. »Das ist doch viel zu gefährlich, Wolfgang«, sagt sie und der Vater muss sie erst beruhigen. Dann unterschreiben sie, und Wolfgang bringt das Formular zurück zum Vereinsheim.

Es ist der Eintritt in ein streng abgezirkeltes System der Privilegien und Fördermaßnahmen. Denn im Radsport der DDR greifen längst jene ausgeklügelten Mechanismen, die aus dem Leistungssport ein schlagkräftiges Instrument im Kampf gegen Imperialismus und Faschismus machen sollen. Manfred Ewald, seit 1961 mächtiger Präsident des Deutschen Turn- und Sportbundes, trimmt die Sportclubs und Industriesportvereine eisern auf Medaillenkurs. Auch der Radsport atmet fortan im olympischen Vierjahrestakt.

Die stramme Ausrichtung auf Medaillen und Siege ist bis in den neuen Verein von Wolfgang Lötzsch hinein zu spüren. Mit den anderen Sportclubs konkurriert der SCK erbittert um die jungen Talente, vor allem an den Rändern der Einzugsgebiete jagen sich die Vereine gegenseitig den viel versprechenden Nachwuchs ab. »Es ging uns niemand durch die Lappen«, sagt Wolfram Lindner, damals Trainer in Karl-Marx-Stadt und später lange Jahre Nationaltrainer der Straßenfahrer: »Unser Sichtungsnetz war dicht geknüpft.«

Unterbietet ein Nachwuchsfahrer eines kleineren Vereins bei einem Rennen die strengen Normen des Verbandes, wird er sofort in ein Sichtungsprogramm aufgenommen und mehrfach beobachtet. Bestätigt er seine Leistung, wird ihm alsbald der Wechsel zum Sportclub nahe gelegt. Auch die Aufnahme in die Kinder- und Jugendsportschule ist dann nur noch Formsache.

Die Jahre, in denen Wolfgang Lötzsch die ersten Rennen für den Sportclub bestreitet, sind Jahre des Aufbruchs für den Radsport in der DDR. Denn seit den großen Tagen des Gustav Adolf Schur, den alle nur »Täve« nennen, steckt der DDR-Radsport in der Krise. Zwar gewinnt Klaus Ampler 1963 die Friedensfahrt, aber umso mehr fällt auf, dass für die DDR-Sportler bei den Olympischen Spielen nur noch wenig zu holen ist. Das gefällt Sportbundchef Ewald ganz und gar nicht. So treibt er die Verantwortlichen an, die Sichtungen zu optimieren, neue Trainingsmethoden zu entwickeln und vor allem viele Medaillen zu holen.

»»Ganz vorne ist zu weit hinten‹, so hat Manfred Ewald gedacht«, erinnert sich heute Wolfram Lindner, der damals an führender Position mit dabei ist, als die Kaderschmieden des DDR-Sports errichtet werden. Und

21

die Republik belohnt die erfolgreichen Funktionäre reichlich. Wenn sie von großen Sportwettbewerben Edelmetall mitbringen, dann dürfen sie reisen, und kurze Zeit später steht ein fabrikneues Auto vor der Tür.

»Die ganze Sache mit Wolfgang Lötzsch hat mich mehrere Ladas gekostet«, sagt Wolfram Lindner heute. Lötzsch hätte sie ihm beschert. »Ganz sicher«, ist Lindner überzeugt.

Ideale Hebelverhältnisse

Fünfzig junge Radfahrer quälen sich den Badberg hinauf. Mit gebeugten Rücken umklammern sie die Lenker, gehen aus dem Sattel und treten wild in die Pedale. Sie wollen den Abstand verringern zu den beiden Akteuren, die scheinbar mühelos weit vor dem Feld fahren. Wolfgang Lötzsch vom Sportclub Karl-Marx-Stadt und sein Teamkollege Peter Lantzsch sind enteilt und fahren einem ungefährdeten Sieg entgegen. Nur noch wenige Kilometer sind es bis zum Ziel, da tritt der hoch aufgeschossene Wolfgang Lötzsch noch einmal in die Pedale und fliegt davon. Lantzsch muss abreißen lassen. Mit anderthalb Minuten Vorsprung – die Anstrengung der letzten Stunden ist ihm kaum anzusehen – kommt Lötzsch schließlich als Sieger ins Ziel. Überlegen gewinnt er die Straßeneinzelmeisterschaft über 130 Kilometer auf dem Sachsenring. Man schreibt den Juli des Jahres 1971.

Wolfgang Lötzsch gilt zu diesem Zeitpunkt bereits als größtes Radsporttalent der Republik. Mit vierzehn Jahren, kurz nach seinem Eintritt in den Sportclub, ist er den aufmerksamen Talentspähern in Karl-Marx-Stadt zum ersten

Mal aufgefallen. Nicht unbedingt eine überragende Technik ist es, mit der er die Fachleute begeistert. Auch körperlich hat der Junge noch Defizite. Nein, vor allem die langen Beine des Jungen scheinen wie für den Radsport geschaffen. Ideale Hebelverhältnisse diagnostizieren sie mit Kennerblick – das könnte einer werden.

Doch zunächst kommt Wolfgang Lötzsch in der neu geschaffenen Schülerklasse A nicht zurecht. Er fährt noch mit dem Rennrad, das ihm seine Eltern zum Geburtstag geschenkt haben und landet zumeist weit abgeschlagen auf den hinteren Plätzen. Vor allem physisch kann er mit seinen oft schon muskulöseren Altersgenossen noch nicht mithalten, er ist ein Spätentwickler. Doch die Trainer im Sportclub Karl-Marx-Stadt kennen ihr Geschäft und wissen genau: Da passiert noch etwas im Körper des gerade fünfzehnjährigen Lötzsch.

Er trainiert nun bei Übungsleiter Paul Tennler. Der bringt ihm erst einmal bei, was es bedeutet, konzentriert und mit der nötigen Disziplin zu trainieren. Vorbei ist es nun mit den wilden Ausfahrten in die Umgebung von Karl-Marx-Stadt, vorbei mit der sturen Bolzerei. Tennler ist ein Mann der alten Schule, kein Verfechter moderner Trainingslehre. Radsport, das ist für ihn vor allem Kraft und Ausdauer. Auf dem Motorrad begleitet er seinen Schützling bei den Ausfahrten und bellt ihm Kommandos hinüber. Und Wolfgang Lötzsch lernt. Das Verhalten im Feld, die Fahrt am Hinterrad, der passende Zeitpunkt zum Angriff, die richtige Technik am Berg. Lötzsch begreift schnell und er spürt selbst, wie er von Einheit zu Einheit besser wird.

Bald schon platzt der Knoten bei Wolfgang Lötzsch. Wurde er auch in der Jugend B noch allzu oft von kräftigeren Gegnern abgehängt, so eilt er in der Jugend A von Sieg zu Sieg. Er wird souveräner DDR-Meister im Mannschaftsverfolgungsfahren. Er ist Mitglied des Teams, das am Pokal der Sozialistischen Länder teilnimmt. Und längst schon ist er einer der hoffnungsvollen Kandidaten, die sich die Trainer des Verbandes ausgeguckt haben. Sie sind auf der Suche nach potenziellen Medaillengewinnern für die Olympischen Spiele 1972 in München.

In einer Information des IM-Kandidaten »Siegfried Polland« vom 2. Dezember 1971 heißt es: »Der ausgezeichnete Nachwuchsfahrer Lötzsch wird in Zukunft hauptsächlich auf der Straße eingesetzt. Das wurde vom Radsportverband beschlossen, um aus der Misere auf der Straße herauszukommen. Nach Ansicht der Trainer des SCK ist dieser Beschluss falsch. Mit dem Lötzsch auf der Bahn könnte die Medaille in München (geplant ist eine silberne) vergoldet werden. Der Lötzsch würde sich noch in diesem Jahr in die Weltspitze auf der Bahn fahren.«

Lötzsch genießt nun alle Annehmlichkeiten der elitären Sportförderung der DDR. Im Sportclub wird er fortan nach Kräften gefördert und trainiert unter Peter Schiffner, einem ausgewiesenen Fachmann. Er fährt neuestes Material aus westlicher Produktion und wird bei Rennen so umfassend betreut wie ein erwachsener Fahrer. Und es geht prompt steil bergauf mit der Karriere. Bei der Spartakiade 1970 gewinnt er drei Goldmedaillen, zugleich wird er in der Jugend A dreimal DDR-Meister.

Wolfgang Lötzsch ist kaum noch zu bremsen. Wo immer ein Rennen stattfindet, meldet er für den Start. Der Sportreporter Lothar Branzke vom *Radsportler* spricht ihn während der Junioren-Sternfahrt, einem Rennen für die besten Fahrer der sozialistischen Länder, darauf an. Ob er denn nicht fürchten würde, bei all den Starts frühzeitig auszubrennen, fragt er den Sieger der Sternfahrt. Und der muss lachen: »Wissen Sie«, antwortet Lötzsch vom Rad herunter: »Ich fahre viel zu gerne Rad, als dass ich darüber zu grübeln anfangen sollte. Ich vertraue da völlig meinem Trainer. Mir macht einfach alles Spaß, das Training und das Rennen. Und so lange es Spaß macht, kann es mir sicherlich nicht schaden.« Und noch etwas will Branzke wissen: »Hast du ein Hobby?« Lötzsch lacht abermals: »Ich hab eines, nämlich Radfahren.«

Das passt zum jungen Wolfgang Lötzsch. Er ist besessen vom Radsport. Das fällt auf, auch in der Kinder- und Jugendsportschule, auf die er inzwischen gewechselt ist. »Wolfgang ordnet sich gut in die Klassengemeinschaft ein. Er ist eher zurückhaltend, wird von seinen Klassenkameraden und besonders von den Radsportlern sehr geschätzt. Eine Befragung ergab, dass sich letztere vor allem an ihn wenden würden, wenn sie auf sportlichem Gebiet Hilfe benötigten. Drei von sieben Schülern betrachten ihn als ihr Vorbild. Wolfgang zeigt eine vorbildliche Trainingseinstellung, er ist ehrgeizig und zeigt einen starken Willen.«

»Das war seine größte Stärke«, sagt auch Wolfram Lindner, sein ehemaliger Trainer in Karl-Marx-Stadt: »Sein unglaublicher Siegeswille. Wenn Jan Ullrich nur ein bisschen vom Siegeswillen des jungen Lötzsch haben würde, hätte Lance Armstrong keine einzige Tour de France gewonnen.«

Lindner erzählt gerne eine kleine Geschichte aus den frühen Zeiten, eine Geschichte aus dem tiefsten Winter. Über Nacht sind fünfzig Zentimeter Schnee gefallen, ganz Karl-Marx-Stadt ist von einer dichten Schneedecke eingehüllt. Das Training fällt aus, Lindner, der fünf Kilometer entfernt wohnt, fährt erst gar nicht zum Treffpunkt. Wie auch, angesichts der Schneemassen hätte er nicht einmal seine Autotür öffnen können.

Gegen zwei Uhr jedoch blickt Lindner aus dem Fenster und traut seinen Augen nicht. Denn auf der Straße vor seinem Haus steht Wolfgang Lötzsch mit seinem Fahrrad. Lindner läuft heraus und ruft: »Wolfgang, was machst du denn hier?« Lötzsch schüttelt sich den Schnee von den Schultern und blickt seinen Trainer an: »Ich dachte, wenn ich heute schon nicht Rad fahren kann, dann kann ich das Rad doch schieben.« Lindner schüttelt fassungslos den Kopf. Wolfgang Lötzsch hat sein Rad nicht nur die vier Kilometer bis zum Treffpunkt geschoben, sondern auch noch weitere fünf Kilometer bis zu Lindners Haus. Da ist er gerade einmal vierzehn Jahre alt.

Und seine Hartnäckigkeit wird bald Legende. Denn der junge Wolfgang Lötzsch ist noch kein großer Taktiker, wird vielleicht auch nie einer werden. Zum Sprinter eignet er sich ebenfalls nicht. Es fehlt ihm die Explosivität, das hat der erfahrene Paul Tennler sehr bald festgestellt. Was bleibt ihm also übrig, wenn er sich nicht auf die Dynamik im Schlussspurt verlassen kann? Er muss die Rennen vorher entscheiden. Und so reiht sich Wolfgang Lötzsch bereits in den Jugendrennen selbstverständlich von Beginn an in der Spitzengruppe ein und attackiert schon nach wenigen Kilometern nach Kräften. Mit großem Erfolg: Seinem ungeheuren Tempo können von Angriff zu Angriff nur wenige Fahrer folgen. So ist in den Jahren 1970 und 1971 der Rennverlauf der Straßeneinzelmeisterschaft ein gewohntes Bild bei allen Auswahlrennen der Jugend: Ein schließlich einsam enteilter Wolfgang Lötzsch vorneweg, mit weitem Abstand folgt das Feld.

Und doch wirft der Erfolg bald erste Schatten. Denn als Sportler im Sportclub gefördert zu werden, ist an strenge Bedingungen geknüpft. »Die Auslese war knallhart«, erzählt Wolfram Lindner, dem seit Ende der sechziger Jahre als Verbandstrainer die Sichtung und Ausbildung der Talente oblag. »Wer gefördert werden wollte, musste sportlich, moralisch und kaderpolitisch einwandfrei sein.«

Kaderpolitisch einwandfrei, das bedeutet, sich in gesellschaftlichen Organisationen zu engagieren und ganz selbstverständlich den Klassenstandpunkt einzunehmen.

28

In der Jugend schauen sie noch nicht ganz so streng hin. Aber dann wird Lötzsch ein heißer Kandidat für Olympia in München und er soll mit zur Vorbereitung ins Trainingslager nach Belgien. Das ist nichtsozialistisches Wirtschaftsgebiet, und wie jeder Sportler benötigt auch Wolfgang Lötzsch für diese Auslandsreise zwei Funktionäre, die für ihn bürgen.

Das heikle Papier wird durch den Sportclub gereicht, und es fällt plötzlich auf, dass Wolfgang Lötzsch noch immer nicht in die SED eingetreten ist, obwohl man ihn mehrfach dringlich gebeten hat. Die Funktionäre erinnern sich nun auch an ein Gespräch mit dem Vater über die Zukunft seines Sohnes, in dessen Verlauf Alfred Lötzsch trotzig gesagt haben soll: »Hier gibt es ja nicht einmal Bananen!«

Und dann ist da noch die Sache mit Dieter Wiedemann, dem Cousin. Der war 1964 Dritter bei der Friedensfahrt und ist nach der Olympia-Ausscheidung in Gießen im Westen geblieben. Dass Wiedemann und Lötzsch verwandt sind, sickert allmählich auch im Sportclub Karl-Marx-Stadt durch, und in Windeseile machen allerlei Gerüchte die Runde in der Radsportszene. Dieter Wiedemann schmuggle heimlich Schlauchreifen, wird kolportiert, und womöglich habe auch der junge Lötzsch damit zu tun.

Die Nervosität im Süden der Republik steigt, denn erst Wochen zuvor ist der populäre Karl-Marx-Städter Eiskunstläufer Günter Zöller im Westen geblieben. »Was, wenn der Lötzsch uns nun auch im Westen bleibt? Da, wo es die Bananen gibt«, sagt ein Sportclub-Funktionär zu Wolfram Lindner, der inzwischen als Verbandstrainer in Berlin arbeitet, und lehnt die Bürgschaft für Lötzsch ab: »Daran verbrenne ich mir nicht die Finger«.

Lindner ist entsetzt. Mit Wolfgang Lötzsch aus Karl-Marx-Stadt will er die Krise des DDR-Radsports beenden. Er steht unter Druck, schließlich wird auch er an olympischem Edelmetall, an den Siegen bei den Weltmeisterschaften gemessen. Und nun soll sein bester Fahrer womöglich nicht mitfahren dürfen?

Es wollen sich in diesen Tagen viele Funktionäre nicht die Finger an der Causa Lötzsch verbrennen. Schließlich weiß jeder, was dem Bürger widerfährt, der für einen Republikflüchtling seine Unterschrift leistet. Und sie lassen sich auch nicht von Interviews überzeugen, wie jenem, das Reporter Lothar Branzke mit Lötzsch auf dem Sachsenring geführt hat. Am Ende des Gesprächs fragt Branzke, was Lötzsch als Jungwähler über die anstehenden DDR-Wahlen am 14. November denke. »Es wird ein großer Tag in meinem Leben sein«, antwortet Lötzsch im *Radsportler*: »Zum ersten Mal werde ich wählen. Als ein junger Bürger meines Staates, der mir und allen anderen Sportlern solche großzügige Förderung gewährt. Auf dem Stimmzettel werde ich den Kandidaten der Nationalen Front mein Vertrauen schenken. Es wird zugleich mein eigenes Versprechen sein, allen Ehrgeiz und alle Kräfte einzusetzen, dass ich künftig bedeutende Erfolge für mein

Heimatland, die DDR, erringen kann.« So stand es hinterher im *Radsportler*, die gestelzten Worte hatte Branzke wohlmeinend für Lötzsch formuliert.

Aber Wolfgang Lötzsch hätte damals wohl noch genickt. Mein Heimatland, die DDR.

Letzte Ausfahrt Karl-Marx-Stadt

Bereits über eine Stunde sitzen Wolfgang Lötzsch und Werner Marschner zusammen im Auto, und der Trainer hat noch kaum ein Wort gesagt. Marschner, sonst sehr gesprächig, umklammert mit den Händen das Lenkrad des Barkas B 1000 und starrt schweigend hinaus auf die Autobahn. Er hat Lötzsch abgeholt, vom Olympia-Lehrgang in Kreischa, und nun sind sie auf dem Weg zurück nach Karl-Marx-Stadt. Es ist ein kalter Abend im März 1972, und auf der Autobahn sind nur wenige Fahrzeuge unterwegs. Ein Hinweisschild huscht vorbei, noch zehn Kilometer sind es bis Karl-Marx-Stadt, noch zehn Kilometer bis zum Ende der Club-Karriere des Wolfgang Lötzsch.

Wolfgang Lötzsch hat gute Laune. Der Lehrgang ist hervorragend gelaufen, die ärztliche Untersuchung am frühen Nachmittag ebenso. »Sie sind völlig gesund«, hat der Chefarzt in Kreischa mitgeteilt. Er wird also bei der Friedensfahrt mitfahren und in München bei den Olympischen Spielen auf der Bahn und auf der Straße starten. Gleich morgen früh soll es ins Trainingslager nach

Belgien gehen, zur Vorbereitung auf die großen Aufgaben.

Das sind schöne Aussichten, und so fällt ihm nicht auf, dass sein Trainer auf den letzten Kilometern schließlich völlig verstummt. Und dass er nicht wie sonst immer die Abkürzung an der Ausfahrt in Glösa über das freie Feld nimmt, um schneller nach Karl-Marx-Stadt hineinzukommen. Das ist zwar streng verboten, aber so sind sie abends immer gefahren, wenn sie von auswärts kamen. Marschner liefert Lötzsch auch nicht bei den Eltern ab. »Wir müssen noch mal ins Clubhaus«, sagt er knapp. Nun weiß Lötzsch, worum es geht. Es geht um ihn.

Es ist drei Wochen her, da haben sie ihn schon einmal angehört – zusammen mit seinem Vater Alfred. Eine Aussprache sei nötig, hatte es geheißen, um Klarheit über seine politische Einstellung zu erhalten. Dass sie gleich anschließend über seine Zukunft entscheiden würden und dass es nicht gut aussieht für die noch junge Karriere des Wolfgang Lötzsch, davon haben sie ihm nichts gesagt. Längst existiert ein Ermittlungsbericht des Ministeriums für Staatssicherheit, in Auftrag gegeben am 6. November 1971.

Darin hat ein Sachbearbeiter notiert: »Lötzsch stammt aus einer Familie mit kleinbürgerlichen Tendenzen. Durch das Elternhaus unterlag er in politisch-ideologischer Sicht keinem positiven Einfluss.« Und der Bericht nennt Beispiele: »So wurde geduldet, dass er sowohl im Rundfunk als auch im Fernsehen einem starken west-

lichen Einfluss unterliegt. Den politischen und gesellschaftlichen Problemen im Wohnbezirk steht er desinte-
ressiert gegenüber.« Und noch etwas ist den aufmerksamen Fahndern nicht entgangen: Der briefliche Kontakt
der Familie zu Dieter Wiedemann, dem Cousin, dem erfolgreichen Radsportler, der im Westen geblieben ist.

Nach dem Gespräch mit Vater und Sohn ist alles noch
viel schlimmer. Denn die Lötzschs sind starrsinnig, geben
sich nicht diplomatisch, wiegeln nicht ab, reden den Par-
teileuten und der Clubführung nicht nach dem Mund. Als
die Offiziellen den Sohn Wolfgang befragen, wie er denn
nun zu seinem sozialistischen Vaterland stehe, da herrscht
der Vater die Funktionäre an: »Es gibt in der DDR keine
Pressefreiheit. Also lassen Sie meinen Sohn mit politischen Problemen in Ruhe.«

Und der Sohn schüttelt den Kopf, als sie ihm das
Parteibuch der SED anbieten. Nein, das passt nicht zusammen, die SED und sein Leben, findet er. Er hört Beatmusik
und die *Rolling Stones*, die von Freiheit und Lebenslust
singen, und nun soll er in die Partei eintreten, in den Verein der grauen Anzugträger. Wolfgang Lötzsch interessiert
sich nicht für die Politik, er möchte nur Radfahren und
irgendwann damit sein Geld verdienen: »Ich will ein großer Fahrer werden«, sagt er und schaut den Funktionären
fest in die Augen.

Mit finsterer Miene verlassen die Vertreter von Sportclub und Partei später den Raum. Sorgen macht sich Wolfgang Lötzsch dennoch nicht. Sie brauchen ihn, das glaubt

er noch immer. Ist er nicht der erste Fahrer, der die Ausdauerwerte von Idol Täve Schur bei den Tests in Kreischa verbessert hat? Und haben sie ihn nicht bereits für die Friedensfahrt und für Olympia nominiert, obwohl er noch nicht in die SED eingetreten ist?

Er täuscht sich – man braucht ihn offensichtlich nicht mehr. Bald nach dem Gespräch mit den Lötzschs haben sich die Funktionäre beraten und sind übereingekommen: Wolfgang Lötzsch wird ausdelegiert. Er muss den Sportclub Karl-Marx-Stadt verlassen. Und er darf keinesfalls ins kapitalistische Ausland reisen. Nicht nach Belgien ins Trainingslager. Nicht zu den Olympischen Spielen nach München. »Der Aktive Wolfgang Lötzsch ist politisch völlig unklar, von einem positiven Standpunkt zu unserer Republik kann nicht die Rede sein«, hält der stellvertretende Vorsitzende des Sportclubs, Voigtmann, fest.

Nur einer spricht dagegen: Werner Marschner. Der Cheftrainer kämpft für seinen Schützling, nennt ihn ein außerordentliches Talent, eine große Hoffnung für den Radsport der Deutschen Demokratischen Republik. Doch so sehr er kämpft, am Ende steht Marschner auf verlorenem Posten, die Entscheidung ist gefallen. Auch weil einer vehement für den Ausschluss des Wolfgang Lötzsch votiert, der ihn besonders gut kennt: sein Jugendtrainer Peter Schiffner.

Dann geht alles rasch seinen sozialistischen Gang. Der Antrag auf Ausdelegierung wird eilends zum Deutschen Turn- und Sportbund nach Berlin geschickt. Und am

Morgen des 24. März klingelt um neun Uhr beim Sportclub Karl-Marx-Stadt das Telefon, der DTSB ist am anderen Ende der Leitung. »Den Genossen der Sektion Radsport wurde mitgeteilt, dass Sportfreund Lötzsch aus dem SCK ausscheiden wird. Grund klar. Begründung wird sein: Aus gesundheitlichen Gründen. Der Verband ist beauftragt, die Ausdelegierung Fakt«, wird ein Berliner Funktionär Tage später über das Gespräch notieren.

Die Funktionäre beschließen, Lötzsch noch am gleichen Abend auszuschließen. Der aber ist gerade zum Olympia-Lehrgang nach Kreischa gefahren. So wird Werner Marschner angerufen, er soll seinen Schützling abholen und am späten Abend ins Clubheim bringen. Dann wird man ihm die Ausdelegierung mitteilen. Genau wie besprochen. Aus gesundheitlichen Gründen.

Doch plötzlich gerät der Plan durcheinander. Weil nämlich der Chefarzt aus Kreischa gegen vierzehn Uhr Marschner unerwartet und unmissverständlich mitteilt: »Lötzsch ist völlig gesund. Alle anderen Probleme klären Sie doch bitte selbst!«

Noch einmal tagen hektisch die Club-Spitzen und kommen zum Ergebnis: »Da die Begründung ›aus gesundheitlichen Gründen‹ nicht mehr gegeben war, wurde festgelegt, dass alle Beteiligten jetzt einen einheitlichen Standpunkt beziehen und Lötzsch aus kaderpolitischen Gründen, seiner Einstellung zur DDR, auf Grund seines Wissensstandes und der Nichtbereitschaft, sich politisch weiterzubilden, sowie der negativen Beeinflussung seitens der Eltern ausdelegiert wird.« So steht es ausführlich in den Akten. Lötzsch selbst wird nur einige wenige Worte zu hören bekommen.

Werner Marschner parkt den Barkas vor dem Clubheim. Es brennt noch Licht im großen Saal. Die Leitung des Vereins ist vollständig angetreten: die Spitzen Gensel, Voigtmann und Hahn, die Trainer, der Parteisekretär der SED. Lötzsch darf sich setzen, er bekommt etwas zu trinken. Dann ergreift Präsident Heinz Gensel das Wort und erklärt dem Nachwuchsfahrer, er werde in den nächsten Tagen aus dem Sportclub Karl-Marx-Stadt ausdelegiert. »Sportfreund Lötzsch, wir haben kein Vertrauen mehr zu dir!«

Wolfgang Lötzsch hört zu, sagt wenig. Dann schnallt er sein Rad vom Dach des Busses und fährt nach Hause. Daheim geht er wortlos in sein Zimmer, wirft sich aufs Bett und starrt an die Decke. Nur langsam begreift er, was ihm widerfahren ist. Kein Trainingslager in Belgien, keine Friedensfahrt, keine Olympischen Spiele in München. Neunzehn Jahre ist er alt und ausdelegiert. Aber, so beruhigt er sich schließlich, sie brauchen ihn. Das werden sie noch einsehen.

Am 16. April 1972 fährt Wolfgang Lötzsch das alljährliche Erich-Schulz-Gedenkrennen. Angermünde–Berlin–Angermünde. Über 157,5 Kilometer geht es durch Brandenburg und Mecklenburg-Vorpommern. Am Ende wird er Sechster. Es ist das letzte Rennen, das Wolfgang Lötzsch für den Sportclub fährt.

Schon eine Woche später, am 23. April, taucht beim Rennen »Rund um die Dresdner Heide« hinter seinem Namen ein anderer Verein auf – es ist die BSG Wismut Karl-Marx-Stadt, eine Betriebssportgemeinschaft. Was auf den ersten Blick nur als Wechsel zwischen zwei Sportgemeinschaften daherkommt, es ist in Wirklichkeit ein Fall aus den lichten Höhen in die Kasematten des DDR-Sports.

Bislang gehörte Wolfgang Lötzsch zu einer kleinen Elite von Sportlern, die systematisch an die Weltspitze geführt werden, die in Unterdruckkammern auf modernen Rennmaschinen neuen Rekorden entgegenstrampeln, die sportmedizinisch betreut werden, die sich sportgerecht ernähren, die von den Medien hofiert werden. Nun jedoch ist Wolfgang Lötzsch ein ausgestoßener Clubfahrer, ein Paria.

Künftig ist er vom Erfahrungsaustausch mit den Mannschaftskameraden ausgeschlossen, er wird größte Mühe haben, sich Ersatzteile für sein Rad zu besorgen. Und er hat in den Rennen keine Mannschaft mehr, die ihm bei Angriffen zur Seite steht, die das Feld kontrolliert und den Endkampf für ihn vorbereitet. Die große Karriere des Wolfgang Lötzsch, sie ist in diesem Moment zu Ende, denn ein BSG-Fahrer hat keine Chance gegen die Clubfahrer. So sind die Regeln des Geschäfts.

Der Vater will sich noch nicht damit abfinden, dass es ein für alle Mal vorbei sein soll mit der Karriere seines Sohnes. Alfred Lötzsch, inzwischen 72 Jahre alt, hat in sei-

38

nem Leben nie viel geschrieben. Jetzt setzt er sich an seinen Schreibtisch und bringt eine Petition zu Papier. Es ist eine Eingabe an den Vorsitzenden des Staatsrates, an den Genossen Erich Honecker: »Er hat sich doch für unsere sozialistische Heimat eingesetzt und seinem Klub Ansehen verschafft. Nun wird er im Vorbereitungsjahr schuldlos herausgerissen, darf nicht mit nach Belgien und in die Sowjetunion. Ich lege hiermit dringenden Widerspruch ein«, schreibt Alfred Lötzsch: »Unser Sohn steht vor dem Nichts und hat auch keinen Beruf. Was ist ihm nicht alles versprochen worden. Wir können es einfach nicht fassen, dass so etwas möglich ist. Einen Neunzehnjährigen kann man doch nicht aus der Gesellschaft ausschließen, für die er bisher sein Bestes gab.« Es ist der Hilferuf eines Vaters. Alfred Lötzsch erhält nie eine Antwort.

Und doch ist Wolfgang Lötzsch ein Thema in Berlin. Denn es ist nicht getan mit der Ausdelegierung. Er bleibt verdächtig. Und schon bald wabert ein Gerücht durch Berliner Radsportkreise, gestreut von den Büchsenspannern der Staatsicherheit. Schon gehört, raunt es im Fahrerfeld, der Wolfgang Lötzsch wollte in den Westen abhauen, beim Trainingslager in Belgien. Alles von langer Hand vorbereitet und nun ist es aufgeflogen. Das erklärt einiges, deshalb fährt der Lötzsch jetzt nur noch für Wismut.

Die Staatssicherheit in Karl-Marx-Stadt reagiert schnell auf das eigene Gerücht. Major Schönherr von der Abteilung 20 vermeldet am 18. Mai: »Laut Hinweisen liegt bei Lötzsch der Verdacht der Vorbereitung des illegalen Verlassens der DDR vor. Im Wohngebiet von Lötzsch ist der IM ›Meier‹ unmittelbar in der Nachbarschaft wohnhaft. Durch den IM bitten wir eine Einschätzung über den Lötzsch und dessen Eltern fertigen zu lassen.«

Der IM »Meier« macht sich gleich an die Arbeit. Denn: »Um baldige Erledigung wird gebeten.«

Also zerstören wir!

Mehrere Tage hat Cheftrainer Werner Marschner mit sich gerungen. Das Schicksal des jungen Wolfgang Lötzsch will ihm nicht aus dem Kopf. Bis spät in die Nacht hat er mit seiner Frau Rita zusammengesessen und diskutiert. Bevor er sich endlich ins Bett legt, beschließt er, einen Brief an die Clubleitung, an den Genossen Heinz Gensel zu schreiben. Er will für seinen Schützling Wolfgang Lötzsch kämpfen. Und für sich.

Denn in den letzten Tagen haben sie auch ihm heftige Vorwürfe gemacht. Er habe sich von Gefühlen leiten lassen, wo klares und zielstrebiges Handeln dringend vonnöten gewesen sei. Warum, fragen die Genossen bohrend, hat er den zaudernden Chefarzt Weber in Kreischa nicht energischer unter Druck gesetzt? Und warum hat er als einziger Trainer in den Beratungen für den Verbleib von Lötzsch im Sportclub gekämpft? Zweifelt Marschner womöglich selbst, ist er ein unsicherer Kantonist? Fehlt dem Trainer eine klare Position zum Klassenstandpunkt?

Werner Marschner setzt sich in seiner Wohnung an seinen Schreibtisch, er spannt ein Durchschlagpapier in die

41

Schreibmaschine, legt seine handschriftlichen Notizen daneben und beginnt zu tippen. »Lieber Genosse Heinz«, beginnt er den Brief, »entschuldige bitte, wenn ich Dich wieder mit der Affäre Lötzsch belästigen muss. Sehr reifliche und eingehende Überlegungen zwingen mich einfach dazu, als Mensch und als Genosse unserer Partei.«

Es ist ein heikles Schreiben. Wolfgang Lötzsch will er verteidigen, aber er darf die Clubbosse nicht verärgern. Er schreibt: »Ein Mensch, ein junger Mensch, gerade erst achtzehn Jahre alt geworden. Wir haben über ihn zu entscheiden, zu entscheiden, ob er sich zum Bösen wendet oder ein vollwertiges Mitglied unserer Gesellschaft wird. So steht doch die Frage. Für Lötzsch bedeutet sein Radsport das Leben, das schätzen alle so ein, die ihn wirklich kennen. Nehmen wir ihm seinen Radsport, und wir sind im Begriff das zu tun, nehmen wir ihm die Impulse seines Lebens. Also zerstören wir!«

Marschner belässt es nicht bei dem Appell. »Ich muss mich immer wieder fragen: Was hat der Junge uns getan. Wer mag ihn nicht leiden? Die Verbindungen zum Republikverräter Wiedemann sollten doch bei ihm über Sein oder Nichtsein entscheiden, so war das doch ausgemacht. Bis heute konnte ich leider nichts Konkretes über angebliche Kontakte mit Wiedemann erfahren. Im Gegenteil, wir vereinbarten, darüber als Ausscheidungsgrund überhaupt nicht zu sprechen.

Die Eltern Lötzsch bestreiten Verbindung zu haben, Wolfgang äußert sich ebenso. Ja, er beschwert sich sogar

42

darüber, dass wir ihn immer wieder mit Wiedemann-Kontakten in Verbindung bringen, obwohl nach seiner Aussage diese vom damaligen Trainer Lindner im Fragebogen ausgelassen werden mussten.«

Nein, das will Marschner nicht verstehen und sich daran beteiligen will er auch nicht. »Beizutragen und zuzusehen, wie einem jungen anständigen, ehrlichen und offenen Radsportler das Liebste, was er besitzt, genommen wird, hieße gegen meine Pflichten als Genosse zu verstoßen, auch gegen meine Verantwortung.« Gefährliche Sätze sind das, weil sie als Ungehorsam gegen die Clubleitung verstanden werden können.

»Lieber Genosse Heinz! Es ist noch nicht zu spät. Wir haben noch zwei Tage Zeit. Zeit zum Überlegen und zum Nachkommen unserer Pflichten. Darin liegt letztlich der tiefe Sinn meines persönlichen Schreibens in letzter Minute an Dich.«

Werner Marschner will seiner Pflicht nachkommen, so wie er sie versteht. »Ich bin bereit«, schreibt er, »mit meinem Kopf für Lötzsch zu bürgen! Ich verspreche, diesen Sportler so zu erziehen, dass er in seiner politisch-ideologischen Reife den Ansprüchen eines Leistungssportlers der DDR entspricht. Dazu bin ich bereit, Wolfgang Lötzsch in meine Familie aufzunehmen. Sollte Wolfgang Lötzsch jemals zum Republikverräter werden, will ich mit der ganzen Härte wegen Beihilfe zum Verrat gerichtet werden.« Das Schreiben schließt: »Mit sozialistischem Gruß, Werner Marschner.«

43

Er beschriftet einen braunen Umschlag sorgfältig mit den Worten »Affäre Lötzsch« und »Zur Einsicht Genosse Gensel«. Er faltet die drei Seiten und steckt sie in den Umschlag. Am nächsten Morgen bringt er das Schreiben in die Clubleitung. Auf eine Antwort muss er nicht lange warten. Aber Gensel sagt kein einziges Wort zu seiner Bitte um Gnade für Wolfgang Lötzsch, nur eines hat er mitzuteilen. »Genosse Werner, du solltest selbst einmal überprüft werden, ob du überhaupt noch ideologisch in der Lage bist, junge Sportler auszubilden!«

Werner Marschner versteht. Es wird nicht einmal mehr ein Jahr vergehen, bis er Karl-Marx-Stadt verlässt und das Angebot annimmt, in Gera die Radsportsektion der Wismut aufzubauen. Seine Fahrer erlangen Weltruhm.

Gänsehaut und Butterbemme

Nur mühsam findet sich Wolfgang Lötzsch in seinem neuen Leben zurecht. Von heute auf morgen ist er nicht mehr dabei, und mit jedem Tag, der verstreicht, schwindet die Hoffnung, dass sie ihn doch noch zurückholen. Die Olympischen Spiele in München finden ohne ihn statt, und auch die Clubführung in Karl-Marx-Stadt macht keine Anstalten, ihn wieder in Gnaden aufzunehmen. Sie scheinen ihn wirklich nicht mehr zu brauchen.

Und doch wird in Berlin und Karl-Marx-Stadt mehr über Wolfgang Lötzsch gesprochen, als er selbst ahnt. Denn was den Funktionären unmöglich erschien, es passiert. Wolfgang Lötzsch, der degradierte und ausgeschlossene Betriebssportler, er düpiert ein ums andere Mal die Konkurrenz aus den Sportclubs mit ihren nagelneuen Rennmaschinen.

Im Juni 1972 distanziert Lötzsch beim Barkas-Preis den mehrfachen Friedensfahrt-Etappengewinner Michael Milde, beim Rundkurs in Adorf im Erzgebirge nimmt er dem zweitplatzierten Michael Schiffner fast zehn Minuten ab, und beim Bergrennen in Schleusingen sind es glatte 13:22

Minuten, die wiederum Schiffner nach dem Sieger Lötzsch ins Ziel kommt. Das ist eine halbe Ewigkeit – eine kleine Sensation.

Drei Mal hat Lötzsch nun bereits gegen die komplett angetretene Clubspitze und Teile des Nationalkaders gewonnen. Und die Laune der Bezirksverwaltung der Staatssicherheit in Karl-Marx-Stadt bessert sich nicht, als sie erfährt, dass er auch den »Großen Preis des Sportecho« für sich entscheidet. Nun ist klar: Es ist Zeit zu handeln. Eilends wird eine strikte Anweisung an die Betreuer aller Sportclubs gegeben, dem Betriebssportler Wolfgang Lötzsch im Falle eines Defekts nicht mit Material auszuhelfen. Und Werner Fugmann, dem Vertrauensmann der Staatssicherheit bei Ascota Karl-Marx-Stadt, werden bohrende Fragen gestellt. Wer unterstützt Lötzsch finanziell? Und wann macht Lötzsch eigentlich Urlaub? Fugmanns Antwort folgt prompt: »Lötzsch bekommt keine zusätzlichen Mittel. Zu den Rennen wird er meistens gefahren von seinem Trainer Henry Türke.« Viel schlauer ist die Staatssicherheit danach auch nicht.

Ohnehin, alle hektischen Aktivitäten, sie richten nichts aus, weil Lötzsch sich zu helfen weiß. Er darf keine Begleitwagen mehr für sich fahren lassen, die ihn mit Ersatz versorgen, also postiert er Studenten an der Strecke. Und auch das strikte Verbot, Lötzsch bei Pannen unter die Arme zu greifen, es scheitert. »Ein TSC-Trainer soll Lötzsch mit einem Ersatzrad ausgeholfen haben«, notiert der IM »Klaus Becker« erzürnt und weiß überdies seinem Führungsoffizier weitere interessante Details vom »Großen Preis der Tribüne« zu berichten: »Einer der Studenten stand neben mehreren Radsportfunktionären. Als Lötzsch Runde um Runde an der Spitze fuhr, sollen diese sich gegenseitig vorgeworfen haben: ›Du hast ihn rausgeschmissen!‹«

Doch zurück holt ihn keiner, stattdessen schweigen sie ihn tot. Zwar darf Wolfgang Lötzsch weiter bei den Rennen starten, er darf siegen und Platzierungen einfahren, die Öffentlichkeit aber erfährt davon nur Bruchstücke. Die Leser des offiziellen Verbandsmagazins *Der Radsportler* warten am Ende des Jahres 1972 vergeblich auf die traditionelle Rangliste, die die besten DDR-Fahrer des Jahres benennt und ihre Siege und Plätze aufzählt. Sie fehlt nicht ohne Grund, der ehemalige Sportclubfahrer Wolfgang Lötzsch hätte sie mit Vorsprung angeführt.

Es sind harte Wochen, harte Monate für Wolfgang Lötzsch. Denn aus dem Kampf gegen den Rausschmiss und für die Rückkehr zurück in den Sportclub ist längst ein Kampf gegen den Apparat geworden. Jeder Sieg und jede gute Platzierung verstärkt den Trotz des Wolfgang Lötzsch und seine Wut auf die Funktionäre, die ihn nicht verstehen wollen.

Er ist inzwischen als Student an der Technischen Hochschule Karl-Marx-Stadt eingeschrieben, doch er trainiert wie ein Besessener in jeder freien Minute, zu jeder Tageszeit. Früh morgens bereits sieht man einen dunklen Schatten aus dem Hauseingang im Chemnitztalweg treten und auf sein Fahrrad steigen. Dann geht es bei Wind und Wetter in die Hügel rund um Karl-Marx-Stadt, stundenlang tritt Lötzsch in die Pedale, die Mütze tief ins Gesicht gezogen, mit den Gedanken ist er schon beim nächsten Wochenende. Wieder ein Start. Wieder ein Rennen. Wieder muss er gewinnen, um zu zeigen, dass er noch da ist, dass er sich nicht unterkriegen lässt, dass sie ihn nicht kleinkriegen. Sollen sie doch die Bestenliste streichen, sollen sie doch in den Zeitungen nur verschwindend kleine Notizen über seine Siege bringen, denkt er und beschleunigt seinen Tritt.

Immer wieder gewinnt er, wird 1974 Erster beim »Internationalen Tribüne-Bergpreis«. Es sind Siege gegen alle Gesetze des Radsports. Du bist nichts ohne deine Mannschaft, die dir hilft, so lautet die eherne Grundregel. Doch Rennen für Rennen setzt Wolfgang Lötzsch sie außer Kraft. Er, den stets die Taktik, das perfekte Zusammenspiel der Mannschaft fasziniert hat, ist zum Einzelkämpfer geworden.

Es sind die Monate, in denen in Wolfgang Lötzsch die Kraft erwächst, die ihn über die Jahre tragen soll. Es sind aber auch die Monate, in denen die Akte des Wolfgang Lötzsch immer häufiger in der Bezirksverwaltung der Staatssicherheit in Karl-Marx-Stadt zur Wiedervorlage gebracht wird. Und was sie dort lesen, gefällt den Offizieren überhaupt nicht. Der Rauswurf aus dem Sportclub hat Lötzsch nicht wie vorgesehen in das gesichtslose Heer der Betriebssportler zurückgeworfen. Stattdessen düpiert er nun Rennen für Rennen die Auswahlfahrer. Längst wird nicht nur im Fahrerlager darüber gesprochen, dass der Nationalkader einen wie Lötzsch gut gebrauchen könnte.

Major Vieweg von der Staatssicherheit in Karl-Marx-Stadt notiert: »Wie inoffiziell erarbeitet werden konnte, gibt es in der sportinteressierten Bevölkerung unseres Bezirkes und der DDR verstärkt negative Diskussionen darüber, dass der Radsportler Wolfgang Lötzsch nicht in die Nationalmannschaft der DDR aufgenommen und nicht zur Weltmeisterschaft 1974 geschickt wurde.«

Auch sonst läuft wenig nach Plan, weil die Direktiven nicht umgesetzt werden. »Entgegen der Festlegungen des Staatssekretariats für Körperkultur und Sport, wonach Lötzsch als normaler Student der Technischen Hochschule zu entwickeln ist«, schreibt ein Sachbearbeiter, »wurde mit diesem eine Förderung in der Form vereinbart, dass Lötzsch sein Grundstudium in drei und nicht in zwei Jahren zu absolvieren hat und dass er Freistellungen zu allen DDR-offenen Rennen erhält.«

Und noch eine Erkenntnis hält der Bericht fest: »Fachkräfte sind sich einig, dass Lötzsch seit zwei Jahren über den Leistungen des ehemaligen Radsportlers Schur steht, dabei nur nach seinen Vorstellungen trainiert und zu weit höheren Leistungen fähig ist als der derzeit beste DDR-Fahrer.«

Schon bald braucht es für diese Erkenntnis keine Experten mehr. Am 25. März 1974 treffen sich auf der Radrennbahn in Leipzig die besten Bahnfahrer der Republik zu ihren Meisterschaften. In der Einzelverfolgung über 4.000 Meter ist Thomas Huschke vom Berliner TSC klarer Favorit. Er hat 1972 bei den Olympischen Spielen in München Bronze geholt und soll nun auch von den Weltmeisterschaften in Montreal im Sommer mit einer Medaille zurückkehren.

Wolfgang Schoppe, der die Karriere des Wolfgang Lötzsch als Freund begleitet hat, kann noch heute nicht von jenem Tag erzählen, ohne dass sich die Haare auf seinen Armen aufstellen. »Sehen Sie«, sagt er dann und schiebt die Ärmel seiner Jacke hoch, damit man ihm glaubt. Schoppe, heute Geschäftsführer des Sächsischen Radfahrerbundes und Vizepräsident für Breiten- und Freizeitsport beim Bund Deutscher Radfahrer, steht am Fenster der Geschäftsstelle in Leipzig und blickt hinunter auf die traditionsreiche Leipziger Radrennbahn. Die Farbe blättert von den Eisenstreben, das Mauerwerk bröckelt. »Das waren Zeiten«, sagt Schoppe, und plötzlich sind sie wieder da – die Bilder von jenem Tag, der sein Leben verändern sollte.

Der 25. März 1974 ist ein frischer Frühlingstag. Auf dem Vorhof der Radrennbahn herrscht reges Treiben. Manche Fahrer schieben ihr Rad durch die Zuschauer, andere bereiten sich auf ihr Rennen vor. Als nächstes wird die Einzelverfolgung über 4.000 Meter ausgefahren, eine knatternde Stimme aus dem Lautsprecher nennt Fahrer und Teams.

Auf einem Stuhl unweit der Bahn sitzt Favorit Huschke.
Drei Assistenten kümmern sich rührend um ihn. Seine
nagelneue Rennmaschine aus dem Westen wird noch einmal sorgfältig gereinigt, die Reifen gepumpt, der Sattel
optimal justiert. Sie legen ihm Decken um die Schultern.
Und weil ein frischer Wind weht, ist einer der fleißigen
Helfer ins Clubhaus geeilt und hat eine Verlängerungs-
schnur gelegt. Nun wärmt er Huschke mit einem Heiß-
luftfön die Beine.

Nur zehn Meter entfernt sitzt nahe des Haupteingangs
der amtierende Titelverteidiger, der BSG-Fahrer Wolfgang
Lötzsch, ganz allein auf einer Treppenstufe. Neben ihm
steht das Rad, mit dem er an diesem Tag dem favorisierten
Thomas Huschke Paroli bieten möchte. Ein einfacher
»Diamant«-Rahmen von der BSG Aufbau Centrum Leipzig.
»Er saß da in aller Seelenruhe und futterte eine
Butterbemme«, sagt Schoppe heute, und als er davon
erzählt, kriecht ihm schon wieder eine Gänsehaut die
Arme hinauf.

Die äußere Ruhe des Wolfgang Lötzsch ist nicht gespielt.
Schon im letzten Training hat er gemerkt, dass er gute
Beine hat, dass er sich vor keinem der Konkurrenten
fürchten muss. Und er brennt auf den Sieg, denn die
obersten Herren des DRSV sind nach Leipzig gekommen.
Präsident Voß und seine Stellvertreter sitzen bereits in
ihren feinen Anzügen auf der Tribüne, nun wollen sie
Huschke siegen sehen. Doch was dann geschieht, ver-
schlägt den Offiziellen die Sprache.

51

Der designierte Meister Thomas Huschke fährt ausgezeichnet, Runde um Runde jagt er über die Bahn, und keiner der Fahrer, die zuvor als ernsthafte Konkurrenten gehandelt wurden, kann mithalten. Nur Wolfgang Lötzsch, der Mann mit dem einfachen »Diamant«-Rahmen, hält dagegen. Und so sehr Thomas Huschke das Tempo auch forciert, an die Zeiten des Vorjahressiegers kommt er nicht heran. Am Ende bleibt Wolfgang Lötzsch an diesem Tag als einziger Verfolger über die 4.000 Meter unter fünf Minuten.

Wolfgang Schoppe steht derweil auf der Tribüne und beobachtet, wie die Mienen der DRSV-Oberen auf den Ehrenplätzen gefrieren. So haben sie sich das nicht vorgestellt. Und noch weniger können sie verstehen, dass das Publikum den Mann aus Karl-Marx-Stadt mit Ovationen feiert. Ohrenbetäubender Jubel begleitet Lötzsch auf seinen letzten Runden, dann steht fest: Er hat seinen Titel als DDR-Meister in der Einzelverfolgung über 4.000 Meter verteidigt. Glücklich umhalst er noch auf der Bahn seine Kameraden, seinen Freund Hähle und jubelnde Fans, die ihn umringen.

Die Siegerehrung wird zum schwersten Gang für den DRSV-Präsidenten Voß. Steif geht er auf Wolfgang Lötzsch zu, der auf das Podest für den Sieger geklettert ist. Ein betont kühler Händedruck, dann streift ihm der mächtigste Mann im DDR-Radsport mit versteinerter Miene, aber unter tosendem Jubel der Anhänger das Trikot des DDR-Meisters über.

Wolfgang Schoppe steht inmitten der Fans, die sich nun zu Hunderten um das Podest drängen, und seine Erregung formt von selbst die Worte. »Lötzsch nach Kanada!«, ruft Schoppe, erst zaghaft, dann immer lauter. Dann dringt es unüberhörbar über die Bahn, denn hunderte Fans rufen mit: »Lötzsch nach Kanada! Lötzsch nach Kanada!« Die Leute wollen den in Ungnade gefallenen Paria des DDR-Radsports bei der WM in Montreal sehen.

Es ist ein großer Sieg. An diesem Abend kehrt Wolfgang Lötzsch berauscht vor Glück nach Hause zurück. Die Euphorie trägt ihn zum Sieg bei der »Internationalen Radsportwoche«, er gewinnt »Rund um Berlin« und nur 24 Stunden später ein Kriterium in Ludwigsfelde. Vor allem aber: Er schöpft nun neuen Mut. Sicher, nach Montreal zur Weltmeisterschaft werden sie ihn nicht mitnehmen, denkt er, aber vielleicht nehmen sie ihn wieder in einen Sportclub auf. Dann kann er wieder als Leistungskader gefördert werden.

Schon bald stellt er einen Antrag auf Aufnahme in die SG Wismut Gera und beginnt mit der Vorbereitung auf die Winterbahnmeisterschaft in Berlin. Doch am 28. November erhält Lötzsch Post aus Gera, sein Antrag auf Aufnahme in die Sportgemeinschaft wird kommentarlos abgelehnt. Ein Vorbote nahenden Unglücks.

Trotzdem fährt Lötzsch auf die Winterbahn nach Berlin. Als er die Halle betritt, stellt sich ihm der Generalsekretär des DRSV, Ingo Hülsberg, entgegen. »Hier sind nur Leistungssportler startberechtigt, Sportfreund Lötzsch!«

Wolfgang Lötzsch ist entgeistert: »Was denn, ich bin wohl kein Leistungssportler?«

»Nein«, sagt Hülsberg: »Du bist Volkssportler!«

Es ist die späte Rache für den Auftritt in Leipzig, sie haben die Rufe nicht vergessen. Die Winterbahnwettbewerbe finden ohne Wolfgang Lötzsch statt.

Achtlos liegen gelassen

Mehr und mehr wird der Alltag des Wolfgang Lötzsch nun
ein Kampf gegen sich selbst. Immer schwerer fällt es ihm,
alleine zu trainieren, allein gegen alle zu fahren. Er ver-
misst die Ausfahrten in der Gruppe, die Geselligkeit und
die Kameradschaft früherer Tage. Noch sitzt er jeden Tag
mit eiserner Disziplin auf dem Rad. Aber die Leichtigkeit
vergangener Jahre ist aus seinen Pedaltritten gewichen.

Nach außen sind die Schwierigkeiten kaum erkennbar.
Im Studium ist er fleißig, bei den Rennen und im Training
mit den BSG-Kameraden kommt ihm nur noch selten ein
bissiger Kommentar über die Lippen. Doch die Staatssicherheit beobachtet den vermeintlich geläuterten Wolfgang Lötzsch mit Misstrauen. Man vergewissert sich bei
Fachleuten.

»Die von Lötzsch vorgetäuschte Wandlung ist unglaub-
würdig«, fasst ein Offizier das Gespräch mit dem
Genossen Wechsler zusammen, der Kontaktperson beim
Sportclub Karl-Marx-Stadt. Und weiter: »Wahrscheinlich
wird der Lötzsch von einer Person so beeinflusst, dass er
nicht mehr negativ auffällt. Diese Person könnte sein

Betreuer Hähle sein. Der fährt ihn zu jedem größeren Rennen und betreut ihn dort.«

Christoph Hähle, der gute Freund. Sie haben sich bei einem Häuserblockrennen kennen gelernt, der Fahrer Lötzsch und der Radsportfan Hähle, der beim VEB Automobil in Karl-Marx-Stadt arbeitet. Seither begleitet er Lötzsch, fährt ihn mit einem betriebseigenen Kleintransporter zu den Rennen und wird zu seinem engsten Begleiter. Der Staatssicherheit ist er ein Dorn im Auge, weil er das Handeln des in Ungnade gefallenen Wolfgang Lötzsch unkalkulierbar macht.

Die Offiziere entscheiden sich, schleunigst einzugreifen: »Mit Wechsler wurde vereinbart, dass er beim nächsten Start den Betreuer Hähle, der keine Lizenz zur Betreuung von Sportlern und zur Betretung der Rennbahn hat, von der Bahn weisen und versuchen soll, den Lötzsch zu negativen Äußerungen zu verleiten. Diese solle er dann zu einer disziplinarischen Maßnahme gegen den Lötzsch verwenden.«

Kleine Nadelstiche sind das, doch diese Schikanen genügen den Verantwortlichen schon bald nicht mehr. Die Staatssicherheit in Karl-Marx-Stadt will nun die völlige Kontrolle. Unter dem Decknamen »Speiche« wird die lückenlose Überwachung des verdächtigen Wolfgang Lötzsch angeordnet. Fortan ist der junge Mann aus Karl-Marx-Stadt nur noch sehr selten allein.

Das merkt er sehr rasch. Wenn er sein Rad zum Training aus dem Hauseingang schiebt, wartet oft bereits ein unauffälliger Lada an der Straßenecke und folgt dem Rad in gemächlichem Tempo und gebührendem Abstand über die Landstraße. Schon bald kennt Wolfgang Lötzsch die Nummernschilder der Wagen ebenso genau wie deren Insassen – unauffällige junge Herren in Kunstlederjacken, die ihren Job gewissenhaft erledigen.

Stoppt Lötzsch seine Trainingsfahrt, so drosselt auch das Begleitfahrzeug unauffällig sein Tempo und verharrt geduldig einige Biegungen entfernt. Beschleunigt er hingegen das Tempo, so treten auch die professionellen Beobachter auf das Gaspedal und versuchen, den Anschluss nicht zu verlieren. Hin und wieder erlaubt sich Wolfgang Lötzsch einen Spaß mit seinen Begleitern, biegt unerwartet in einen unwegsamen Feldweg ab und beschleunigt. Dann schaut er belustigt zu, wie der Lada vergeblich versucht, ihm durch die Ackerkrume zu folgen, und er hat für ein paar Stunden Ruhe. Kleine Fluchten sind das, und doch steht, wenn er abends in den Chemnitztalweg einbiegt, der unauffällige Lada bereits wieder an der Straßenecke.

Wolfgang Lötzsch muss sich oft beherrschen, nicht freundlich in den Wagen hinein zu grüßen. Sein Freund Wolfgang Schoppe hat da weniger Hemmungen. Als Lötzsch ihn einmal in Leipzig besucht, parken die Herren von der Staatsicherheit demonstrativ vor der Haustür. Nach einem geselligen Abend verschwindet Lötzsch unauffällig mit seinem Rad durch den Hinterausgang, Wolfgang Schoppe hingegen kommt noch einmal aus dem

Haus und lacht in den Wagen hinein: »Guten Abend, meine Herren!« Die Überwachung wird für diesen Abend abgebrochen.

Und doch lassen sie Wolfgang Lötzsch spüren, dass er ihnen nicht entkommt. Und sie engen seine sportlichen Aktivitäten weiter ein. Immer strenger werden die Kriterien für die Teilnahme von Betriebssportlern an den Rennen der Leistungsklasse. So wollen sie das Aufeinandertreffen zwischen Lötzsch und den Spitzenfahrern auf wenige unbedeutende Rennen beschränken.

Auch unter den Fahrern beginnt allmählich das Gift zu wirken, das die Staatssicherheit ausstreut. Bei den Rennen, zu denen Wolfgang Lötzsch meldet, bildet sich fortan ein unsichtbarer Wall um ihn. Denn natürlich wissen die anderen Fahrer, dass es der eigenen Karriere nicht gut tut, allzu lange mit Lötzsch gesehen zu werden. Man hat es ihnen schließlich oft genug gesagt, wie IM »Kurt« vom Berliner Kriterium »Rund ums Hochhaus« berichtet: »In Bezug auf Lötzsch hatte eine Belehrung stattgefunden. Danach sollten wir uns mit Lötzsch nur auf einen ›Guten Tag und guten Weg‹ beschränken, weil er nach wie vor eine ganz negative Rolle im DDR-Radsport spiele.«

So halten sich viele fern – kein Schwätzchen heute, ein andernmal. Auch für die Trainer gehört die Ansprache der Funktionäre vor den Rennen längst zum festen Rahmenprogramm. Auf keinen Fall darf der Mann aus Karl-Marx-Stadt gewinnen: »Geschlossen gegen Lötzsch«, lautet die Parole in den Krisensitzungen. Lötzsch spürt diese neue, beinahe unüberwindliche Wand bei jedem einzelnen Rennen.

Auch am 11. April 1975 bei einem kleinen Kriterium in Frankfurt an der Oder. Wie so oft ist er allein mit dem Wartburg in die Grenzstadt gefahren, er hat sein Rad präpariert und inmitten des Starterfeldes auf den Schuss aus der Startpistole gewartet. Manche Teilnehmer mustern ihn verstohlen und nicken ihm zu, andere suchen sich lieber einen anderen, unverfänglicheren Platz im wartenden Pulk.

Als es dann bei nasskaltem Frühlingswetter endlich losgeht, ist Wolfgang Lötzsch wie so häufig sofort vorn dabei. Hinterrad an Hinterrad geht es durch das flache Land, das Feld bleibt eng zusammen. In rasendem Tempo jagen die Fahrer über das bucklige Kopfsteinpflaster der Grenzregion, erbitterte Positionskämpfe prägen das Rennen, immer wieder fühlt Wolfgang Lötzsch die Ellenbogen der Gegner in den Rippen. Dann geht alles sehr schnell: Eine Bodenwelle erwischt sein Rad mit voller Wucht. Lötzsch spürt einen abrupten, harten Schlag – dann wird es dunkel um ihn.

Er muss sich später erzählen lassen, was mit ihm passiert ist. Die Bodenwelle hat sein Vorderrad zertrümmert, mit einem lauten Knirschen löst es sich aus der Nabe. Noch fünf, sechs Meter hält der Rahmen das Gleichgewicht, dann bricht das Rad zusammen. Vergeblich versucht Wolfgang Lötzsch, den Sturz abzufangen. Mit voller Wucht stürzt er auf die Straße, sein Kopf schlägt ungebremst

59

gegen das Kopfsteinpflaster. Das zerstörte Rad liegt neben ihm, er verliert das Bewusstsein.

Hilfe von Zuschauern kann er nicht erwarten, an diesen abgelegenen Teil der Strecke haben sich keine Fans gewagt. Aber die Kollegen werden ihm doch sicherlich helfen. Normalerweise. Aber es ist kein normaler Fahrer, keiner aus ihrer Mitte, der da vom Rad gestürzt ist. Es ist Wolfgang Lötzsch, der verstoßene Clubfahrer, und die Angst vor den Konsequenzen einer schnellen Hilfe diktiert das Handeln. »Wird schon nicht so schlimm sein«, beruhigen sich die sensiblen Fahrer, die Hartgesottenen im Feld ignorieren den Sturz einfach.

Einige Fahrer trägt das unerwartete Hindernis aus der Spur, mühsam müssen sie bremsen und korrigieren, um nicht selbst zu stürzen. Doch kein Einziger hält an, um dem schwer verletzten Konkurrenten zu helfen. Fast ist es so, als sei Lötzsch plötzlich unsichtbar.

Auch die Materialwagen und die Begleiter des Feldes auf den Motorrädern fahren ohne Halt vorbei. Dann aber naht doch noch Hilfe, der Sanitätsbarkas mit seinen ausgebildeten Helfern fährt heran. Und beschleunigt dann noch einmal. Hinter der Frontscheibe stieren die Sanitäter wortlos nach vorne. Und die Straße ist leer.

Schier endlose Minuten vergehen, in denen Wolfgang Lötzsch um sein Leben kämpft. Ohne das Bewusstsein wiedererlangt zu haben, liegt er am Straßenrand – der Kopf schwer verletzt, das Gesicht im nassen Dreck der Straße, die Beine aufgeschlagen, die Rippen gestaucht.

Dann rollt noch ein Fahrzeug heran. Es ist der Materialwagen des SC Karl-Marx-Stadt, der den Anschluss verpasst
hat und nun dem Feld hinterjagt. Der Beifahrer, Mechaniker Bernd Fischer, späht angestrengt auf die Straße und
erkennt den Schwerverletzten am Rand. Schon ruft Fischer
entsetzt: »Dort vorne liegt der Lange« und bedeutet dem
Fahrer, Trainer Willi Groß, mit markigen Worten, das Tempo zu drosseln: »Wenn du jetzt nicht ran fährst, haue ich dir
aufs Maul!«

Erschrocken tritt Groß auf die Bremse und stoppt den
Wagen. Vorsichtig laden sie den bewusstlosen Wolfgang
Lötzsch auf den Rücksitz und fahren ihn eilends ins
Krankenhaus nach Frankfurt. Dort kämpfen die Ärzte drei
Tage lang um sein Leben, dann erst erwacht er aus dem
Koma und lässt sich erzählen, dass er noch einmal mit
Glück davongekommen ist. Ein Schädel-Hirn-Trauma zwei-
ten Grades diagnostizieren sie. An Radsport aber ist für
lange Zeit nicht zu denken. Zu mehreren Monaten Pause
raten die besorgten Ärzte. So schwer wiegen die Kopfver-
letzungen, und so geschwächt ist sein Körper.

Wolfgang Lötzsch nickt, als die Ärzte mahnende Worte
sprechen und zu einer längeren Auszeit raten. Sie schreiben ihm ein Attest, er darf nun ein Jahr lang sein Studium
aussetzen. Doch kaum ist er wieder daheim in Karl-Marx-
Stadt, denkt er nicht an Erholung, nicht an Regeneration.
Wolfgang Lötzsch denkt nur noch daran, wann er endlich
wieder mit dem Training auf der Straße beginnen kann.
Denn mehr denn je hat er keine Zeit zu verlieren. Jedes

verpasste Rennen kostet ihn wertvolle Punkte, jeder aus-
gelassene Start den Anschluss an die nationale Spitze. Er
muss im Gespräch bleiben, sonst wird er vergessen.

Viel zu früh beginnt er wieder mit dem Training. Auf
den Anstiegen packt ihn der Schwindel, nach den Ausfahrten ist er oft zu Tode erschöpft. Der Sturz von Frankfurt hängt ihm nach. Und heftiger denn je wird er nun von
Zweifeln geplagt. Lohnt sich die Schinderei noch? Wird er
in seiner Karriere noch einmal die Friedensfahrt bestreiten? Und zu Olympischen Spielen fahren?

Wolfgang Lötzsch will es genau wissen und schreibt einen Brief an einen der mächtigen Männer im DDR-Sport,
den DTSB-Bundesvorstand Orzechowski. Darin fordert er
eine Chance auf die Rückkehr in den Leistungssport. Auf
eine Antwort Orzechowskis wartet er vergeblich. Nun
endlich begreift Wolfgang Lötzsch, dass er nicht mehr darauf warten kann, dass sich die Funktionäre seiner erbar-
men. Er muss sein Schicksal selbst in die Hand nehmen.

Aber was soll er bloß tun? Er weiß, was es bedeutet, einen Antrag auf Ausreise zu stellen. Er würde den Studienplatz verlieren und die Lizenz als Radsportler. Sie würden
das ganz logisch begründen – mit dem Hinweis, dass er
schließlich durch seinen Ausreiseantrag nicht mehr an
den gesellschaftlichen Fortschritten in der DDR teilhaben
möchte. Aber wer weiß, vielleicht lassen sie ihn ja hinaus
in die Bundesrepublik.

Wolfgang Lötzsch beginnt, von einem neuen Leben im
Westen zu träumen. Von großen Rennen und großen Er-

folgen. Er muss daran denken, was der russische Trainer Kapitanow über ihn gesagt hat. Dass er ein Ausnahmetalent sei und der künftige Weltmeister im Radsport. Er nimmt sich vor, auch im Westen Amateur zu bleiben, um den Fahrern aus der DDR bei den Olympischen Spielen die Medaillen wegzuschnappen.

Nachdem er seinen Entschluss gefasst hat, ist Wolfgang Lötzsch erleichtert. Er weiß, dass eine schwere Zeit vor ihm liegt. Aber er hat nun endlich wieder eine Perspektive. Und noch hat er keinen Antrag geschrieben, da macht er bereits klar, dass er von diesem Staat nichts mehr hält. Auf den Ärmel seiner Jeans-Jacke heftet er mit einer Nadel ein buntes Stoffemblem. Es ist das Wappen der Bundesrepublik Deutschland.

Bis zur Klärung des Sachverhalts

Auf dem Tisch liegt ein Formular, Wolfgang Lötzsch hat es sich schon zu oft durchgelesen. »Antrag auf ständige Ausreise aus der DDR und auf Aberkennung der Staatsbürgerschaft der DDR«, steht dort geschrieben. Der Antrag ist bereits ausgefüllt und unterschrieben.

Lötzsch weiß, was passieren wird, wenn er ihn abgibt. Die Begründung ist durchaus logisch: Jemand, der die DDR verlassen will, so heißt es, habe auch keinen Anspruch mehr auf die sozialen Segnungen der Republik. Und so passiert es. Als Wolfgang Lötzsch im Dezember 1975 den Antrag einreicht, schließt ihn die BSG Wismut Karl-Marx-Stadt sofort aus, er verliert seinen Studienplatz und die Fahrerlizenz. Er beginnt, als gärtnerischer Hilfsarbeiter zu jobben, und schließt sich der BSG Aufbau Centrum Leipzig an, der Betriebssportgemeinschaft seines Freundes Wolfgang Schoppe. Oder, wie es Helmut Wechsler, die Kontaktperson der Staatssicherheit beim Sportclub Karl-Marx-Stadt, ausdrückt: »ein Sammelbecken negativer, schlieriger und verkommener Figuren. Und Schoppe ist oberkrumm.«

Es geht nicht mehr anders. Nach den Ereignissen auf der Winterbahn machen sie ihm das Leben auch auf der Straße schwer. So sehr sich Schoppe auch beim Verband für Lötzsch einsetzt, die Lizenz bekommt er nicht so schnell wieder. Ist der DRSV sonst großzügig, bei Lötzsch hält er sich buchstabengetreu an die Statuten: »Bis zur Klärung des Sachverhalts« wird er nahezu für die ganze Saison gesperrt.

Genau einen Tag nach den DDR-Meisterschaften im Einer-Straßenfahren erhält er die Lizenz zurück. Das nützt ihm jetzt nichts mehr: Weil er in den vergangenen Monaten keine Punkte sammeln konnte, stufen sie ihn nun in die Allgemeine Klasse der Betriebssportler ein. Ein Aufstieg in die Leistungsklasse wird per Verordnung unmöglich gemacht. Und damit er immer seltener auf die Konkurrenz aus den Sportclubs trifft, werden Clubauswahlrennen eingeführt und Rennen nur für eingeladene Teilnehmer veranstaltet. Wolfgang Lötzsch erhält keine Einladung.

Aber er schlägt den Offiziellen ein Schnippchen. Beim Auswahlrennen in Bad Liebenwerda haben sie ihn noch disqualifiziert, weil Verbandstrainer Wolfram Lindner gegen seine Wertung protestiert hat. Einen Tag später aber ist er in Falkenberg bei der Ausscheidung für die Olympischen Spiele in Montreal gemeldet. Er fährt mit seinem Wartburg-Kombi »Tourist« zum Rennen, das Auto ist mit den bunten Reklameschildern von Radsportfirmen aus dem Westen beklebt.

Mit ihm sind auch Wolfgang Schoppe und fünfzehn weitere Fahrer der BSG Aufbau Centrum nach Falkenberg gekommen. Lautstark unterstützen sie ihren Teamkollegen Lötzsch vor dem Start, die Trainer des Verbandes quittieren den Auftritt mit grimmiger Miene. Und die Beobachter der Staatssicherheit notieren: »Durch diese Anhänger wurde für Lötzsch Stimmung gemacht. Sie äußerten sich in abfälliger Weise über die Spitzenfahrer und die Organisation im DRSV und überbewerteten die Leistung des Lötzsch.«

Die Laune der Trainerriege bessert sich nach dem Start keineswegs. Denn ehe sich die Spitzenfahrer versehen, fährt ihnen Lötzsch bereits am Start davon. Es ist ein Rennen, wie er sie schon so oft gefahren ist – keine taktischen Spiele, keine Fahrt am Hinterrad, stattdessen ein Kraft raubendes Solo über viele Kilometer.

Natürlich reagieren die Verbandstrainer diesmal schnell: Michael Schiffner wird auf die Jagd geschickt, er soll den Ausreißer stellen. Und bald ist er nahe an Lötzsch herangekommen, nur noch fünfzig Meter trennen die beiden Fahrer. Doch dabei bleibt es, Lötzsch lässt Schiffner keinen Meter näher an sich heran, er lässt ihn verhungern. Entnervt reiht sich Schiffner wieder ins Feld ein, nun müssen Lauke und Drogan ihr Glück versuchen. Doch so sehr sie auch strampeln, auch sie scheitern und müssen begreifen: Sportlich ist Lötzsch heute nicht zu besiegen. Beide verausgaben sich so, dass sie stürzen und vorübergehend ins Krankenhaus gebracht werden müssen.

Während Wolfgang Lötzsch, nur noch wenige Runden vom Ziel entfernt, dem Hauptfeld Sekunde um Sekunde abnimmt, ist Straßen-Auswahltrainer Klaus Ampler bereits im Auftrage Wolfram Lindners bei der Wettkampfleitung vorstellig geworden. Erregt fordert er die Disqualifikation des Fahrers Lötzsch: Dessen Gemeinschaftswechsel sei irregulär, ruft Ampler, und der Fahrer eigentlich noch gesperrt. Wolfgang Schoppe steht ebenfalls bei der Rennleitung, er widerspricht dem wütenden Ampler vehement, und es gibt ein Wort das andere. Am Ende müssen Ordner die beiden auseinander halten, sonst wären die Fäuste geflogen.

Die Stimmung bleibt aufgeheizt. »Als der Sieg von Lötzsch feststand, wurden durch die Anhänger lautstarke Diskussionen in die Richtung geführt, dass sie am 8. Juli 1976 nicht die Arbeit aufnehmen würden, wenn der Lötzsch wieder disqualifiziert würde«, heißt es in der Akte.

Die Sicherheitskräfte sind alarmiert, denn es ist nicht das erste Mal, dass die Anhänger für Lötzsch protestieren. Durch einen Inoffiziellen Mitarbeiter wurde der Staatssicherheit der Bericht von einem Vorbereitungsrennen auf die Friedensfahrt Anfang Mai in Torgau zugetragen. Dort war Wolfgang Lötzsch mit rund hundert Personen angereist, und nach dem Rennen hatte Alfred Lötzsch, der Vater, auf dem Parkplatz vor dem Kreiskulturhaus in Torgau zu den Mitgereisten gesprochen. »Er legte Ansinnen und Ziele des Lötzsch dar«, berichtet der

IM, kann aber nicht mit weiteren Informationen dienen, wie der Sachbearbeiter in der Bezirksverwaltung bedauernd feststellt. »Hinweise auf die Reaktion und die Auswirkungen des Auftretens des Vaters waren den Quellen nicht bekannt.«

Die Siegerehrung in Falkenberg wird zu einem makabren Schauspiel. Zwar haben sie auf der Bahn ein Podest für die drei Erstplatzierten aufgebaut, aber die Zweit- und Drittplatzierten dürfen sich nicht neben Wolfgang Lötzsch auf das Podium stellen – auf strikte Anweisung des Trainerstabes. Der Nationalfahrer Detlef Kletzin reicht Lötzsch dennoch die Hand und bekundet freimütig, er habe gegen einen Großen des DDR-Radsports verloren. Noch am gleichen Abend wird der aufrechte Kletzin aus dem Nationalkader ausgeschlossen. Er fährt nie wieder ein Rennen für die DDR.

Und auch Lothar Huß, der Organisationsleiter des Rennens in Falkenberg, bekommt Ärger. Als er spät abends zu Hause eintrifft, wartet dort bereits eine Abordnung der Staatssicherheit auf ihn und stellt bohrende Fragen. Hat er gewusst, dass Wolfgang Lötzsch eigentlich für dieses Rennen gesperrt ist und keinesfalls starten darf? Hat er ihn dennoch mitfahren lassen, weil ihn der Leipziger Wolfgang Schoppe darum gebeten habe?

So überrascht Lothar Huß über den abendlichen Besuch ist, so schnell begreift er, dass er nichts zugeben darf. Er leugnet standhaft, so sehr ihm auch gedroht wird. Nein, er habe nichts von der Startsperre gewusst, sagt er den

Herren vom Ministerium, und Wolfgang Schoppe habe ihn um nichts gebeten. Wenn er Kenntnis von der Sperre gehabt hätte, wäre Wolfgang Lötzsch selbstverständlich nicht gestartet:»Worauf Sie sich verlassen können.«

Im Fachorgan *Der Radsportler* spricht man anschließend von einem »Außenseitersieg« bei einem Kriterium. Keine Rede ist mehr von Olympia-Qualifikation.

Sechs Tage später in Bad Saarow beim Traditionsrennen »Rund um den Scharmützelsee« hilft kein Versteckspiel mehr. Lötzsch ist für dieses Rennen gesperrt und darf nicht starten, das wissen auch die Veranstalter. Dennoch reist Wolfgang Lötzsch im Wartburg mit seinem Freund und Betreuer Christoph Hähle an. In der Tasche trägt er die Einladung des Bürgermeisters von Bad Saarow. Als ehemaliger Sieger des Rennens sei er stets willkommen, steht dort geschrieben.

Aber diesmal wollen sich Wolfram Lindner und die anderen Trainer nicht überraschen lassen. Kaum hat Lötzsch sein Rad vom Dach des Wartburgs gehoben, kommt ihm Lindner bereits entgegen:»Langer, du darfst hier nicht starten. Du bist gesperrt.« Lötzsch schüttelt den Kopf und verweist auf die Einladung des Bürgermeisters.

Über den Fortgang des Streites zwischen Lindner und seinem ehemaligen Schützling gibt es unterschiedliche Versionen. Augenzeugen berichten, Wolfram Lindner habe Lötzsch die Startnummer weggenommen, Lindner bestreitet das heute.»Ich bin doch nicht das Nummerngirl des Verbandes«, sagt er.

Fest steht, dass Lötzsch sich trotz der Auseinandersetzung zwischen die anderen Fahrer in Bad Saarow stellt. Schon bereiten sich die Fahrer auf den Start vor, da betreten plötzlich vier Volkspolizisten die Straße. Sie drängen sich durch die engen Reihen der Fahrer und umstellen Wolfgang Lötzsch.

Während der Organisator angehalten wird, das Rennen zu starten, umringen die Beamten den BSG-Fahrer, halten seinen Lenker fest und stoppen sein Rad. Ohnmächtig muss Lötzsch mit anschauen, wie das Starterfeld ohne ihn davonfährt. Der ehemalige Sieger von »Rund um den Scharmützelsee« fährt frustriert zurück nach Karl-Marx-Stadt.

Dass er die Lizenz schließlich zurückerhält, stimmt Wolfgang Lötzsch nicht wirklich froh. »Inoffiziell wurde folgendes bekannt«, so beginnt ein Bericht des Ministeriums: »Obwohl der Lötzsch darüber froh sei, dass ihm die Fahrerlizenz wieder ausgehändigt wurde, frage er sich, ob dies nicht nur Mache sei, um ihn an die DDR zu binden, da ihm von westdeutscher Seite aus die Zusicherung für das Olympiaaufgebot im 4.000-Meter-Zeitfahren gegeben worden ist.«

Diese Zusicherung ist keine Erfindung. Wolfgang Lötzsch hat mit Gustav Kilian, dem Bahntrainer des BDR, gesprochen und ihm seine Situation geschildert. Und Rudi Altig, der westdeutsche Alt-Star und Straßentrainer, hat ihm während der Friedensfahrt in Leipzig mitgeteilt, dass er bereits fest für das Team nominiert sei. Es ist nicht ganz klar, ob sich Altig wirklich so ausgedrückt hat oder ob er Lötzsch moralisch aufbauen wollte. Dem frustrierten Wolfgang Lötzsch jedenfalls gibt die Zusage aus dem Westen neue Hoffnung.

Aber um wirklich für die westdeutsche Mannschaft fahren zu können, müssen sie ihn endlich ausreisen lassen. Doch seit er im Dezember 1975 seinen ersten Antrag eingereicht hat, hat er nichts mehr gehört. Keine Antwort, aber auch keine Ablehnung. Sie lassen ihn zappeln. Er fasst sich ein Herz und wird beim Rat der Stadt vorstellig. Er sitzt stundenlang in Vorzimmern und fragt, als er endlich vorgelassen wird, nur das eine: »Werden Sie meinem Antrag auf Ausreise stattgeben?«

Er erhält keine Antwort, nicht beim ersten Besuch und auch nicht beim zweiten und dritten. Beim vierten Besuch überreichen sie ihm seinen Antrag: Er wurde abgelehnt. Doch Lötzsch ist vorgewarnt. So hat er einen neuen Antrag, komplett ausgefüllt, bereits dabei und reicht ihn sofort ein.

Zugleich schreibt er einen Brief an den Vorsitzenden des Staatsrates Willi Stoph und bittet um Hilfe: »Wie Sie aus beiliegender Abschrift meines Ausreiseantrages erkennen können, war ich als mutmaßliches ›Sicherheitsrisiko‹ dazu verurteilt, meinen Radsport als Leistungssport aufgeben zu müssen. Da ich diesen Akt der Willkür nicht akzeptieren kann, bleibt mir nur die Möglichkeit, entgegen meiner bisherigen Überzeugung, dieses Land, meine Eltern, einschließlich Einfamilienhaus und Auto, zu verlassen, jedoch nicht um Verrat zu begehen, sondern um Radsport zu betreiben.«

Es wird Sommer, und noch immer ist nichts passiert. Da fasst er einen Entschluss. Es spukt schon länger in seinem Kopf herum und nun will er es wagen, nach Berlin zu fahren – zur Ständigen Vertretung der Bundesrepublik, die seit 1974 bei Verhandlungen zwischen beiden Staaten, bei Familienzusammenführungen und bei Eheschließungen hilft.

Unter der Hand erzählt man sich auch in Karl-Marx-Stadt allerlei Geschichten, die Mut machen. Von einem jungen Ehepaar mit Kind beispielsweise, das sich in die Vertretung geflüchtet haben soll. Nach langwierigen Verhandlungen sei die Familie in ihre Heimatgemeinde zurückgekehrt, aber es habe keinen Prozess und keine Verhöre gegeben. Sechs Wochen später habe die Familie in den Westen ausreisen dürfen. Vielleicht, denkt Wolfgang Lötzsch, wenn er solche Geschichten hört, vielleicht lassen sie mich auch hinaus.

Und wenn die Ständige Vertretung nicht helfen kann, will er den Korrespondenten der westdeutschen Medien in Ost-Berlin seine Geschichte erzählen. »Lötzsch verfolgte das Ziel, breite Kreise der Bevölkerung der BRD über sich und sein Schicksal zu informieren, und wollte erreichen, dass von Seiten der zuständigen Organe der BRD und der Öffentlichkeit Druck auf die staatlichen Organe der DDR ausgeübt wird«, analysiert später die Staatssicherheit.

Wolfgang Lötzsch sammelt Unterlagen über seine sportlichen Erfolge und erstellt Abschriften seiner Ausreiseanträge. Dann fährt er nach Berlin. Mit viel Hoffnung im Gepäck. Und mit zwei unauffälligen Begleitern im Gefolge.

Eine veränderte Sachlage

Die Ständige Vertretung der Bundesrepublik in der Hannoverschen Straße gehört zu den am besten bewachten Gebäuden im östlichen Teil von Berlin. Seit Günter Gaus im Frühjahr 1974 in der früheren Kaserne und Polizeiwache residiert, hat das Ministerium für Staatssicherheit rund um das »Objekt 499« mehrere unauffällige Observationspunkte errichtet. So schlägt sie mehrere Fliegen mit einer Klappe, denn der Liedermacher Wolf Biermann wohnt direkt gegenüber.

Jeder Besucher der Ständigen Vertretung, gleich ob DDR-Bürger oder nicht, wird mehrfach fotografiert und anschließend von Fachleuten identifiziert. Das fällt nicht schwer, denn das Haus wurde vor der Übergabe an die Bundesrepublik von technischen Experten der Staatssicherheit sorgfältig verwanzt. Wenn Günter Gaus, der Chef der Vertretung, und seine Mitarbeiter wirklich sichergehen wollen, bei ihren Besprechungen nicht von östlichen Stellen abgehört zu werden, gehen sie in eine eigens hergerichtete abhörsichere Laube im Innenhof des Gebäudes.

Als Wolfgang Lötzsch das Gebäude betritt, wird er jedoch nicht in die Laube geführt. Botschaftssekretär Joachim Becker bittet ihn stattdessen in sein Büro und führt ihn ans Fenster. »Schauen Sie mal dort hinüber. In diesem Haus bewegt sich nichts, da wackelt keine Gardine. Wahrscheinlich werden wir mit Richtfunk abgehört. Wollen wir trotzdem weitersprechen?« Lötzsch nickt, deshalb ist er ja hier. Er bekommt einen Kaffee angeboten, er darf seine Geschichte erzählen und die mitgebrachten Materialien, die Abschriften der Ausreiseanträge und die Auflistung seiner sportlichen Erfolge, zur Kenntnisnahme übergeben.

Mehrfach fragt Becker nach Einzelheiten, und Wolfgang Lötzsch fühlt sich zum ersten Mal seit vielen Jahren von einem Staatsdiener ernst genommen. Doch so gut das Gespräch auch läuft und so viel Verständnis Becker auch für die schwierige Situation des Besuchers zeigt, wirklich helfen kann ihm auch Becker nicht.

Er kann weder die Ausreise durch Verhandlungen beschleunigen noch die Schikane der Behörden in Karl-Marx-Stadt beenden. Aber er kann ihm Mut machen, seinen Weg unbeirrt zu gehen, und das macht Becker. Wolfgang Lötzsch bekommt mehrere Broschüren der Vertretung ausgehändigt, eine trägt den Titel »Auskünfte zum Stand der innerdeutschen Beziehungen«, eine andere »Die neue Verfassung der DDR mit Kommentar«.

Als Becker seinen Besucher zur Tür begleitet, fragt er ihn: »Sie wissen, worauf Sie sich eingelassen haben, als Sie die Vertretung betreten haben? Sie sind fotografiert worden und Sie werden Schwierigkeiten bekommen!« Wolfgang Lötzsch nickt und verlässt das Gebäude. Die Fotoapparate an den Observationspunkten lösen abermals aus. Mehrere Mitarbeiter der Staatssicherheit folgen ihm, bis er die Stadtgrenze passiert hat. In Karl-Marx-Stadt warten bereits die Kollegen auf den Berlin-Touristen.

Es bleibt nicht sein einziger Besuch in der Hauptstadt der DDR. In den folgenden Wochen fährt er immer wieder nach Berlin. Und die Staatssicherheit zählt sorgfältig mit: »Mindestens achtmal suchte er die Ständige Vertretung der BRD in der DDR, zweimal das Büro der ARD, zweimal das Büro der *Süddeutschen Zeitung* auf«.

Wolfgang Lötzschs Hartnäckigkeit wird schließlich belohnt. Zwar ist der Korrespondent der ARD, Lothar Loewe, verhindert, aber Peter Pragal, der Korrespondent der *Süddeutschen Zeitung* in Ost-Berlin, findet die Geschichte vom Radsportler, dem sie das Siegen verbieten wollen, spannend und schlägt sie der Chefredaktion in München vor. Und am 20. Juli 1976 erscheint tatsächlich auf der Seite Drei der *Süddeutschen Zeitung* eine große Reportage über Wolfgang Lötzsch.

Unter der Überschrift »Wenn nichts mehr zu gewinnen ist« erzählt Peter Pragal nüchtern und ohne falsches Pathos die Geschichte des Wolfgang Lötzsch. Er übertreibt nicht und er unterschlägt nichts. Was im Artikel steht, ist das, was in den letzten Jahren mit Wolfgang Lötzsch passiert ist.

Zurück in Leipzig wartet Wolfgang Lötzsch gebannt auf die Reaktionen der staatlichen Stellen. Natürlich kann er sich ausrechnen, dass sie längst erfahren haben von seinen Besuchen in der Ständigen Vertretung und bei Peter Pragal und dass sie nicht sonderlich erfreut sein werden. Aber werden sie nun endlich die Hoffnung aufgeben, ihn doch noch zur sozialistischen Raison zu bringen? Oder werden sie ihn fortan nur noch stärker drangsalieren als bislang? Er weiß von Fällen, da diente die Zusammenarbeit mit westlichen Zeitungen als Grund für eine Anklage wegen Verleumdung des Staates. Das kann ihm auch passieren. Er ist auf alles gefasst.

Doch es passiert nichts. Keine Reaktion. Er wird nicht vorgeladen, er muss nicht Stellung nehmen – weder in der Stadtverwaltung noch auf dem Kaßberg bei der Staatssicherheit. Es ist so, als hätten sie gar nicht mitbekommen, dass eine westdeutsche Zeitung so ausführlich über ihn berichtet hat.

Ganz im Gegenteil. Ein paar Tage nach dem Besuch teilt ihm Wolfgang Schoppe mit, dass es beim DRSV nun doch eine Aussprache der Gremien zum Thema Wolfgang Lötzsch geben wird, in der man über die Aufhebung der Sperre für den Karl-Marx-Städter beratschlagen möchte. »Langer, die Chancen stehen nicht schlecht«, sagt der Freund aus Leipzig.

Unterdessen macht der Artikel aus der *Süddeutschen Zeitung* über Lötzsch in Leipzig seine Runde, ohne dass ihn ein Einziger gelesen hätte. Immer wieder wird

Wolfgang Schoppe auf seiner Arbeitsstelle auf den Text angesprochen. »Bring ihn doch mal mit«, drängen sie, weil sie gedruckt sehen wollen, was nur hinter vorgehaltener Hand erzählt wird. Ein paar Tage später bringt Schoppe den Artikel mit auf die Arbeit, Lötzsch hat ihn nur zögernd herausgerückt, weil er nicht möchte, dass sein Exemplar durch zu viele Hände geht. Auf einem Wärmekopiergerät fertigt Schoppe heimlich mehrere Abzüge des Artikels an und verteilt sie unter den Kollegen im Betrieb. Doch mehr passiert nicht.

Wolfgang Lötzsch berät sich mit Wolfgang Schoppe und berichtet ihm von den Besuchen in Berlin. Was können sie noch tun, um Druck zu machen, fragen sie sich. Schoppe rät ihm, es doch noch einmal mit einem Besuch bei Lothar Loewe von der ARD zu versuchen. Schoppe hält viel von Loewe, der ARD-Mann hat ihn durch seine entschiedenen Reportagen aus dem Osten Deutschlands beeindruckt. Man könne sich ja in Berlin treffen und gemeinsam zu Loewe ins ARD-Büro in der Schadowstraße gehen, schlägt er vor.

So machen sie es. Am frühen Morgen des 20. September 1976 fährt Wolfgang Lötzsch noch einmal mit dem Wartburg nach Berlin und besucht zunächst allein die Ständige Vertretung. Ob Schoppe vielleicht mitkommen wolle, hat er seinen Leipziger Freund zuvor gefragt, aber dem ist der Besuch der Vertretung immer noch zu gefährlich. Er hat durch den Verbandstrainer Lindner erfahren, dass alle Personen, die das Gebäude in der Hannoverschen Straße betreten, von den Sicherheitsorganen der DDR gefilmt werden.

Wolfgang Lötzsch hat genickt, als Schoppe ihm das erzählt hat, das Gleiche hat der Botschaftssekretär Becker ja auch schon erzählt. Von seinem Besuch will er sich dennoch nicht abbringen lassen, sein Ausreiseantrag läuft bereits seit Monaten, er hat nichts mehr zu verlieren. Jetzt muss es sich entscheiden, denkt er. Der Wolfgang Lötzsch jener Tage ist ein entschlossener Mensch.

Gegen zehn Uhr betritt er die Ständige Vertretung und noch einmal spricht er mit Botschaftssekretär Becker. Der hält die Zusammenarbeit mit den westlichen Medien für die richtige Entscheidung und ermutigt ihn noch einmal. Gegen elf Uhr trifft Lötzsch dann Wolfgang Schoppe vor dem »Zweiradsalon«, einem Radsportladen in der Friedrichstraße.

Von der gegenüberliegenden Straßenseite aus beobachten mehrere vermeintliche Passanten die Begegnung der Freunde. Als die beiden sich gemeinsam auf den Weg zu Lothar Loewe in die Schadowstraße machen, folgt man ihnen unauffällig. Doch Lötzsch und Schoppe haben kein Glück: Der Korrespondent ist nicht da, wieder einmal.

Unschlüssig stehen die Gäste im ARD-Büro und überlegen, wohin sie nun gehen können, da macht Loewes Sekretärin einen guten Vorschlag. Sie könnten es doch einmal bei Dirk Sager probieren, dem ZDF-Korrespondenten in der DDR. Also machen sich die beiden auf den Weg und suchen Sager auf. Dort stellt Wolfgang Schoppe seinen Begleiter als jungen Radsportler vor, der wegen seiner politischen Überzeugung in der DDR nicht mehr fahren darf.

Der ZDF-Mann hört sich ihre Geschichte aufmerksam an und liest sich den Artikel aus der *Süddeutschen Zeitung* sorgfältig durch. Dann blickt er auf und fragt: »Sagen Sie mir, wie kann ich Sie unterstützen?«

Schoppe hat sich das bereits genau überlegt und antwortet, das ZDF könne doch Filmaufnahmen von Lötzsch machen und anschließend verschiedene Personen aus dem Sportclub Karl-Marx-Stadt, der BSG Aufbau Centrum Leipzig und der Technischen Hochschule Karl-Marx-Stadt zum Thema Lötzsch befragen. Sager hält das für eine gute Idee, aber auch er muss sich erst bei seiner Zentralredaktion in Mainz rückversichern. Und er will noch warten, bis die Aussprache beim DRSV der DDR zum Thema Lötzsch stattgefunden ist. Man weiß ja nie, vielleicht verändert sich die Sachlage noch kurzfristig. Sager gibt Lötzsch seine Telefonnummer. »Rufen Sie mich an!«, sagt er.

Und in der Tat, die Sachlage verändert sich schneller als gedacht. Nach der Aussprache im Radsportverband erhält Wolfgang Lötzsch auf Initiative von Wolfgang Schoppe nicht nur seine Lizenz für DDR-offene Rennen zurück, sondern wird in Gnaden auch wieder in den DTSB aufgenommen. Kaum hat Lötzsch die Nachricht von der Wiederaufnahme erhalten, ruft er bei Dirk Sager vom ZDF an und teilt ihm die veränderte Lage mit. Beiden ist klar, dass ein Film angesichts der neuen Großzügigkeit keinen Sinn mehr macht. »Das freut mich für Sie«, antwortet Sager und fügt hinzu: »Informieren Sie mich doch bitte wieder, wenn sich für Sie eine neue Situation ergibt.«

Lötzsch ist deprimiert. Natürlich will er wieder an allen Rennen teilnehmen, natürlich will er wieder dabei sein. Aber sein großes Ziel ist die Ausreise, und nach all den Besuchen in Berlin, nach den Wochen voller Anspannung und Zweifel, ist er diesem Ziel nicht einen Schritt näher gekommen. Ganz im Gegenteil. Aber das weiß Wolfgang Lötzsch zu diesem Zeitpunkt noch nicht.

Gretchenfrage am Amalienpark

Eines Morgens liegt ungewöhnliche Post im Briefkasten. Sie kommt aus dem Westen, das sieht Wolfgang Lötzsch bereits an der Briefmarke, und auch der Inhalt klingt verheißungsvoll. Siegbert Becher, der sich als ein Geschäftsmann aus Frankfurt und Mitglied des dortigen Vereins zur Förderung des Radsports vorstellt, schreibt von seiner Bewunderung für den Rennfahrer Wolfgang Lötzsch, für seine Kampfkraft und seinen Wagemut. Viel mehr steht nicht in diesem Brief, doch zwischen den Zeilen glaubt Lötzsch zu erkennen, warum ein wildfremder Mann aus Frankfurt ihm wohl schreibt.

Lötzsch hat vor einigen Monaten Rudi Altig getroffen. Während der Friedensfahrt hat er den westdeutschen Star im Hotel abgepasst und mit ihm gesprochen. Sie kennen sich von den Rennen aus der Jugendzeit und immer mal wieder hat Wolfgang Lötzsch bei Rudi Altig Material aus dem Westen gekauft. Und nun hat er Altig von seiner aussichtslosen Situation in der DDR erzählt – davon, dass sie ihn nur noch selten bei den Rennen der Leistungsklasse starten lassen, und vom Training, das aus langen, einsamen Fahrten durch die Hügel rund um Chemnitz besteht. Altig hat immerhin gesagt, dass er sich einsetzen will. Und nun dieser Brief. Es ist ein Zeichen zur rechten Zeit.

Immer wieder liegt in den kommenden Wochen ein neuer Brief im Kasten. Becher schreibt sehr vorsichtig und gewunden. Auch er weiß natürlich, dass die Staatssicherheit die Briefe an Wolfgang Lötzsch aufmerksam liest. Doch dann wagen sie es. Becher schlägt ein Treffen in Berlin vor, um Einzelheiten zu besprechen. Nicht er wird an diesem Treffen teilnehmen, sondern Herr Wegner, ein Freund aus Westberlin.

Lötzsch zögert zunächst, dann sagt er zu. Er hält es im Osten nicht mehr aus, und es ist längst nicht mehr allein nur der Sport. Sonst hätte er das Angebot des polnischen Nationaltrainers angenommen, der ihm angeboten hatte, ein polnisches Mädchen zu heiraten und ihre Staatsbürgerschaft anzunehmen. Anschließend hätte er sofort starten können. Aus der CSSR gab es ganz ähnliche Angebote. Aber das will er auf keinen Fall – er käme ja nur vom Regen in die Traufe, glaubt er.

Am 25. September 1975 macht Wolfgang Lötzsch sich früh auf, sein Fahrtziel ist Berlin. Der Wartburg »Tourist« schafft die 250 Kilometer schneller als gedacht, und so ist er bereits um zwölf Uhr mittags in der Hauptstadt der DDR. Er bummelt ein wenig durch die Friedrichstraße und betritt pünktlich um ein Uhr die Halle des Interhotels »Unter den Linden«. In der Hand hält er das Magazin *Der Radsportler*, das vereinbarte Erkennungszeichen.

Ein Mann, Mitte Vierzig, spricht ihn an und deutet auf die Zeitschrift. »Ich glaube, wir sind miteinander verabredet, Herr Lötzsch. Einen schönen Gruß von Herrn Becher!«

Wolfgang Lötzsch nickt erfreut, und sie setzen sich an einen Tisch. Herr Wegner bestellt Radeberger für beide. »Exportbier«, sagt Lötzsch: »Das bekommt man ja selten.«

Wegner lacht und nickt. Kaum haben die beiden ihr Bier ausgetrunken, blicken sie sich um. Hier im Hotel wollen sie auf keinen Fall bleiben, die Wände haben Ohren. »Wissen Sie«, sagt Wegner: »Ich habe hier schon im Hotel Umschau gehalten, aber es ist alles sehr voll. Kennen Sie nicht ein kleines Restaurant, wo man nicht so viele Zuhörer hat?«

Lötzsch kennt kein Restaurant: »Nein, aber ich habe ein Auto in der Nähe. Vielleicht können wir uns dort unterhalten?«

Das hält Wegner für eine gute Idee, aber zuvor muss noch etwas geklärt werden. »Wir hörten, dass Sie hier Schwierigkeiten haben, doch es gibt ja auch woanders die Möglichkeit, Sport zu treiben! Können wir uns darüber unterhalten?«

Natürlich, denkt sich Lötzsch, nur darum ist er ja hier. Er nickt und möchte nun doch wissen, mit wem genau er es eigentlich zu tun hat. »Im vergangenen Jahr hatte ich schon einmal mit Herrn Kilian, dem westdeutschen Bahntrainer, über meine Situation gesprochen. Hat Herr Becher denn damit etwas zu tun?«

84

Wegner verneint: »Nein, Freunde von Ihnen haben mit Altig gesprochen. Das erfuhr dann Becher...«

Also doch Rudi Altig, denkt Lötzsch und freut sich, richtig kombiniert zu haben. Sie verlassen das Hotel und gehen auf dem Boulevard Unter den Linden zum Ministerium für Außenhandel, wo Lötzsch seinen Wartburg geparkt hat. Dann setzen sie sich ins Auto und fahren ziellos umher. Die Linden hinunter, die Liebknechtstraße, dann geht es die Prenzlauer Allee stadtauswärts bis zur Schwarzen Brücke am S-Bahnhof Heinersdorf. Es wird wenig gesprochen und wenn über Belangloses. Immer wieder blickt Lötzsch in den Rückspiegel, aber kein Auto folgt ihnen.

Am Amalienpark in Pankow schließlich stellt Lötzsch den Motor ab. Wegner nimmt das Gespräch wieder auf: »Wie sehen Sie denn Ihre weitere Zukunft als Radsportler hier?«, fragt er.

»Keine Chance mehr«, antwortet Wolfgang Lötzsch düster: »Erst kürzlich hat man mir gesagt, dass es keine Rückkehr zum Leistungssport geben wird. Meine Ziele sind aber Friedensfahrt, Weltmeister werden und eine Olympiamedaille holen. Ich habe mich deshalb an die Herren vom Westdeutschen Verband gewandt, weil ich an einem offiziellen Wechsel interessiert bin!«

Wegner nickt. »Haben Sie denn nie einen Versuch unternommen, wieder ins Geschäft zu kommen?«

Wenn der wüsste, denkt Lötzsch bei sich. »Doch, aber es war alles umsonst. Zur Zeit muss ich im Training alles allein machen. Es ist schon schwer, sich früh morgens zu sagen: Heute musst du ganz allein 200 Kilometer fahren. Das einsame Training halte ich höchstens noch ein Jahr durch, dann ist Schluss. Sportlich habe ich keine Perspektive mehr.« Mutlos klingt der letzte Satz, und nun schweigt Lötzsch, denn es ist alles gesagt.

Nur die eine, die entscheidende Frage hat Wegner noch nicht gestellt. »Wären Sie denn auch bereit«, beginnt der Mann aus Westberlin vorsichtig, »die DDR illegal zu verlassen, wenn kein anderer Weg bliebe?«

Darüber hat sich Lötzsch schon lange Gedanken gemacht. Würde er fliehen und das Risiko auf sich nehmen, bei der Flucht erwischt zu werden? Das bedeutet lange Jahre im Gefängnis, seine Karriere könnte er dann abschreiben. Seine Antwort ist keine Antwort, sondern eine Frage. »Ich weiß nicht recht, wie das mit einer Sperre ist in solch einem Fall?«

Da weiß auch Wegner nichts Genaueres: »Ganz unterbleiben wird sie wohl nicht. Unser Verband kann offiziell auch gar nicht in Erscheinung treten, sonst gibt es internationalen Ärger. Deshalb hat man sich ja auch mit Herrn Becher in Verbindung gesetzt.« Und dann hat es Wegner plötzlich ziemlich eilig. »Mir läuft die Zeit davon, ich habe noch einen dringenden Termin. Wann können wir uns denn noch mal treffen, um nähere Modalitäten abzusprechen?«

Sie einigen sich auf den 10. Dezember um zwölf Uhr in der Eingangshalle des Hotels »Stadt Berlin«. Dann übergibt Wolfgang Lötzsch dem Herrn Wegner eine Mappe mit Urkunden und Zeitungsausschnitten, denn Herr Becher hat um die Sammlung gebeten. Und abschließend betont er noch einmal, denn das ist ihm wichtig: »Wie gesagt, der offizielle Weg wäre mir lieber!«

Herr Wegner nickt, dann schiebt er ohne große Worte einen Fünfzig-DM-Schein zwischen die Seiten des *Radsportler.* Er steigt aus und geht in Richtung Amalienpark. Wolfgang Lötzsch fährt voller Hoffnung zurück nach Karl-Marx-Stadt.

Nur wenige Tage nach seiner Berlin-Reise wird Wolfgang Lötzsch in die Bezirksverwaltung der Staatssicherheit auf dem Kaßberg zum Gespräch bestellt. Er wundert sich ein wenig, aber wirkliche Sorgen macht er sich nicht und schon gar nicht bringt er die Vorladung in Verbindung mit seinem Besuch in Berlin. Doch nun sitzen sie ihm gegenüber, und ihre Fragen sind andere als die, die sie ihm im Rat der Stadt stellen.

»Sportsfreund Lötzsch, hatten Sie in letzter Zeit Westkontakte?«, fragt Major Franik. Damit hat er nicht gerechnet, nun sitzt er nicht mehr gelassen auf seinem Stuhl, nun rotieren die Gedanken, nun überlegt er fieberhaft: Was wissen sie? Was können sie wissen? Haben sie ihn beobachtet? Oder ahnen sie nur und klopfen mal auf den Busch? Er zwingt sich zur Ruhe und sagt dann beherrscht: »Nein, keine Westkontakte!«

Doch dem Major und seinem Adjudanten ist die Unruhe ihres Gesprächspartners nicht entgangen, sie haben ihn längst und sie wissen es. »Wirklich nicht, Sportsfreund Lötzsch?«, hakt Franik nach und fixiert sein Gegenüber mit einem Lächeln, das alles bedeuten kann.

Doch noch will Lötzsch nicht beichten, nicht erzählen von seiner Reise nach Berlin. Denn was können sie schon wissen? Dass er nach Berlin gefahren ist und dass er dort einen Mann aus Westberlin getroffen hat. Aber das ist nicht verboten, und außerdem ist er ja kein Anfänger. Er hat aufgepasst und aufmerksam in den Rückspiegel geschaut, es ist ihnen niemand gefolgt. »Nein, keine Westkontakte«, wiederholt er und für ein paar Sekunden ist es ganz still im Raum.

Dann fragt Franik abermals und seine Stimme klingt schneidend: »Wirklich nicht? Denken Sie doch noch einmal ganz scharf nach!«

Nun erst beginnt Wolfgang Lötzsch zu erzählen. Von der Fahrt nach Berlin, vom Treffen mit Herrn Wegner aus Westberlin und vom Radeberger Export, das sie gemeinsam getrunken haben. Kein Wort verliert er darüber, dass sie über seine Zukunft gesprochen haben und dass diese Zukunft nicht in der DDR liegen soll. Auch vom Westgeld berichtet er, dass ihm der Besucher in den *Radsportler* geschoben hat. »Fünfzig Mark, das ist für mich viel Geld«, sagt er.

Major Franik mustert ihn, dann sagt er langsam: »Wenn Sie Westgeld brauchen, Sportsfreund Lötzsch, warum sind Sie dann nicht zu uns gekommen? Merken Sie sich: Dafür sind wir in Zukunft zuständig!« Lötzsch begreift, das ist kein Angebot, sondern eine Drohung. Das nächste Mal wird es ernst.

Als Lötzsch den Raum verlassen hat, sitzt Major Franik noch einige Minuten am Tisch und macht sich Notizen. 600 Seiten umfasst die Operative Personenkontrolle »Speiche« bereits, seit Monaten überwachen sie Wolfgang Lötzsch lückenlos. Er hätte ihnen nichts mehr erzählen müssen, natürlich wissen sie von der Reise nach Berlin, sie wissen von Herrn Wegner und sie wissen auch von den Briefen des Herrn Becher an Wolfgang Lötzsch. Sie haben sie schließlich selbst geschrieben.

Es gibt keinen Herrn Becher und keinen Herrn Wegner. Was es gibt, ist der »Maßnahmeplan zur offensiven Bearbeitung der OPK ›Speiche‹« vom 14. August 1975. Darin wird angeordnet: »Schaffung einer fingierten Person aus der BRD, die den Kontakt zum Verdächtigen herstellt. Es wird ein Brief erarbeitet, in dem sich diese Person als Geschäftsmann ausgibt, der Interesse am sportlichen Talent des Verdächtigen zeigt.«

Ein Inoffizieller Mitarbeiter der Berliner Hauptverwaltung – Deckname »Schimanski« – soll sich anschließend mit Lötzsch treffen. »Es ist vorgesehen, den IM als Vermittler zwischen dem BRD-Bürger auftreten zu lassen«, heißt es im Plan. Und als Ziel der Maßnahmen notiert der zuständige Offizier der Staatsicherheit: »die Erarbeitung von Informationen über die sportliche Perspektive des Verdächtigen in der DDR und dessen Vorstellungen über sein weiteres Leben« sowie »die Schaffung der Voraussetzungen für die Durchführung einer Ansprache mit dem Verdächtigen«.

Nach dem Treffen in Berlin spitzt sich die Lage zu. Denn ganz offenkundig schließt Lötzsch eine Flucht nicht kategorisch aus. Also soll sich IM »Schimanski« noch einmal mit Lötzsch treffen, am 10. Dezember um zwölf Uhr in Berlin. »Sollte der Lötzsch Interesse für ein ungesetzliches Verlassen der DDR zeigen, sind Maßnahmen zu treffen«, so steht in dem Dokument geschrieben, »die es ermöglichen, dem Lötzsch strafbare Handlungen gemäß dem Paragraphen 100 und 213 des Strafgesetzbuches nachzuweisen.«

Wolfgang Lötzsch verlässt nach der Ansprache bei Major Franik mit weichen Knien das Gebäude und läuft den Kaßberg hinunter. In Zukunft wird er noch vorsichtiger sein, nimmt er sich vor. Und immerhin, sagt er sich, und das beruhigt ihn: Er hat ihnen nicht viel erzählt, und wenn man es recht bedenkt, dann wissen sie nichts.

Der lange Polterabend

Es ist der 3. Dezember 1976, und in der Gaststätte des Sportplatzes an der Eubaer Straße könnte die Stimmung nicht besser sein. Der Radsportler Michael Ebert feiert seinen Polterabend, und natürlich sind auch die Clubkameraden aus der Betriebssportgemeinschaft von Ascota Karl-Marx-Stadt gekommen. Es wird Musik gehört und Bier getrunken und viel gelacht. Ob Ebert nun immer mit dem Tandem zum Rennen komme, fragt einer. Ein ganz normaler Polterabend halt.

Gegen Mitternacht schaut Wolfgang Lötzsch auf die Uhr und denkt daran, dass der letzte Bus in die Stadt bald fährt und er morgen sehr früh schon wieder im Sattel sitzen will. Seine übliche Strecke, über Weißbach und Scharfenstein nach Schmalzgrube und zurück. Er verabschiedet sich von Michael Ebert, ein paar seiner Clubkameraden schließen sich an, gemeinsam treten sie hinaus in die kalte Dezembernacht. Jetzt schnell heim, denkt Lötzsch. Doch er wird erst zehn Monate später nach Hause kommen.

An der Endhaltestelle der Buslinie A in der Friedrich-Engels-Straße stehen zu diesem Zeitpunkt zwei Funkstreifenwagen. Sie scheinen auf etwas zu warten, denn der nächste Bus kommt erst in zwanzig Minuten, und die Station ist menschenleer. Immer wieder lugen die Polizisten aus den Fenstern, dann bemerken sie die kleine Gruppe um Wolfgang Lötzsch. Die Wagentüren öffnen sich, und die Volkspolizisten Reuter und Kroll treten den Heimkehrern entgegen. »Guten Morgen, meine Herren«, sagt Reuter und fixiert Lötzsch mit finsterem Blick: »Wir haben Hinweise über ruhestörenden Lärm in der Kutusow- und Friedrich-Engels-Straße bekommen. Ihre Personalausweise zur Kontrolle bitte!«

DDR-Bürger müssen oft ihre Personalausweise vorzeigen – aber nicht mitten in der Nacht, bei schneidender Kälte, an einer menschenleeren Bushaltestelle. Wolfgang Lötzsch begreift. Das hier ist kein Zufall, und es geht nicht um Ruhestörung. Sie haben ihm aufgelauert. Zorn steigt in ihm hoch, und auch der Alkohol tut seine Wirkung. Er begehrt auf: »Wieso? Ist es jetzt schon verboten, einen Polterabend zu feiern?«

Darauf haben die Polizisten offensichtlich nur gewartet, der Ton wird schärfer: »Hier stellen wir die Fragen!«, verkündet Kroll mit schneidender Stimme: »Außerdem mache ich Sie darauf aufmerksam, dass die Störung der werktätigen Bevölkerung einen Verstoß gegen die Verordnung über Ordnungswidrigkeiten darstellt.«

An jedem anderen Tag hätte Wolfgang Lötzsch wohl seinen Mund gehalten. Weil jeder weiß, dass man sich mit der Volkspolizei besser nicht anlegt und weil er doch einfach nur nach Hause will. Aber nun bricht all der Frust der letzten Monate aus ihm heraus. »Das darf doch wohl nicht wahr sein. Also hier ist aber auch alles beschissen!«, ruft er den Polizisten zornig entgegen und lässt sich auch nicht von seinen Kollegen beschwichtigen, die schon ahnen, dass nun Unheil droht.

»Halten Sie den Mund!«, entgegnen die Polizisten scharf: »Wegen Störung der Nachtruhe hat jeder von Ihnen ein Ordnungsgeld von fünf Mark zu zahlen. Zahlen Sie oder zahlen Sie nicht? Natürlich zahlen Sie! Am Ende sollen wir noch mit jedem Bürger einzeln diskutieren!«

Nun ist es um die Beherrschung des Wolfgang Lötzsch endgültig geschehen. »Hat man denn überhaupt keine Rechte? Die einzigen, die hier Rechte haben, sind von der Polizei.« Und dann ruft er: »Wolf Biermann ist mein Mann, und ich erkläre mich mit ihm solidarisch. Ich kann nur jedem raten, das Gleiche zu tun!«

Fünf Minuten später sitzt Wolfgang Lötzsch im Streifenwagen, eingezwängt zwischen zwei schweigenden Volkspolizisten. Sie haben ihn festgenommen und fahren nun zur Zentrale der Volkspolizei am Schlossteich. Dort wird er von zwei Kriminalkommissaren vernommen, doch es ist mehr eine Unterhaltung. Wolfgang Lötzsch schildert, was passiert ist, dann bringen sie ihn in eine Zelle. Nach fünf Stunden unruhigem Schlaf wecken sie ihn und führen ihn zu einem Zivilfahrzeug. Lötzsch muss sich auf den Hintersitz setzen und bekommt metallene Handschellen angelegt. Er weiß, was diese Fahrt bedeutet. Sie bringen ihn auf den Kaßberg in das berüchtigte Untersuchungsgefängnis der Staatssicherheit.

In der Stadt erzählt man sich viele düstere Geschichten über das weit verzweigte Gebäude, das einst den National-sozialisten und später der sowjetischen Geheimpolizei GPU als Gefängnis diente und in dem nun die Staatssicherheit die politischen Häftlinge drangsaliert. Von wochenlang brennendem Licht in den Zellen raunt man in den Straßen von Karl-Marx-Stadt, von Isolation und Psychofolter, von Schlägen und Demütigungen. Wolfgang Lötzsch bekommt es mit der Angst zu tun.

Die Streifenwagen passieren ein schmiedeeisernes Tor. Zwei Wärter nehmen ihn im Empfang. »Ausziehen!«, befiehlt der eine in barschem Ton. Lötzsch wird untersucht, sie nehmen ihm allen persönlichen Besitz ab – seine Geldbörse, seinen Ausweis, seine Kleidung. Er bekommt Gefängniskleidung hingeworfen, dann stecken sie ihn in eine Einzelzelle, nur acht Quadratmeter groß. Eine Pritsche steht in der Zelle, ein Holzstuhl, ein Waschbecken. Eine kleine Luke weit oben unter der Decke wirft fahles Licht, eine Glühbirne brennt. Es ist vier Uhr morgens, am 5. Dezember 1976.

An Schlaf ist nicht zu denken in der ersten Nacht im Gefängnis. Alle fünf Minuten dröhnt die stählerne Klappe an der Tür, und der Schließer wirft einen suchenden Blick durch die Zelle. Die Gedanken fahren Kreisel im Kopf. Hätte er doch den Mund gehalten. Was wird nun werden? Wird man ihn lange einsperren? Was können sie ihm beweisen? Die Besuche in der Ständigen Vertretung in Berlin fallen ihm ein. Die Zeitungsartikel über ihn, die er daheim gesammelt hat. Was werden sie den Eltern sagen? Und was wird die Freundin denken?

Während er nach langem Grübeln am frühen Morgen in einen kurzen traumlosen Schlaf fällt, fahren bereits zwei Ladas den engen Chemnitztalweg hinauf. Als Vater Alfred Lötzsch schließlich auf das drängende Klingeln reagiert, stehen vier Herren in unauffälligen Jacken vor der Tür. Sie stellen sich als Volkspolizisten aus der Abteilung K vor und teilen den völlig verängstigten Eltern mit, ihr Sohn befinde sich in Untersuchungshaft. Dann präsentieren sie der Mutter einen richterlichen Durchsuchungsbefehl und beginnen damit, das Haus auf den Kopf zu stellen. Sie reißen Schubläden auf und durchwühlen Besteckkästen, räumen Schränke aus und schauen unter die Betten.

Am Ende haben sie gefunden, was sie suchen: die Adressen von ARD und ZDF, die Fotokopien verschiedener Artikel aus westdeutschen Zeitungen, Broschüren aus der BRD, Bilder der Radsportheroen Eddy Merckx und Luis Ocaña. »Einen schönen Tag noch«, wünscht einer der Herren von der angeblichen Abteilung K der Volkspolizei, einer Tarnabteilung der Staatssicherheit.

Zwei Tage später liegt auf dem Tisch des Ministers für Staatssicherheit, Generaloberst Erich Mielke, ein dringender Vermerk der Bezirksverwaltung Karl-Marx Stadt. Es gibt Neues im Falle des Radsportlers Wolfgang Lötzsch, den der Minister längst zur Chefsache erklärt hat. Ein

95

Haftbefehl sei erwirkt worden, heißt es in der Mitteilung:
»Der Genannte gebrauchte im Beisein von sechs Personen
staatsverleumderische Äußerungen, wobei er noch an-
führte, dass er einen Antrag auf Übersiedlung in die BRD
gestellt habe und alles tun würde, diesen durchzusetzen.«

Der Bericht hat es in sich. Alles steht darin, was sie gegen Lötzsch verwenden können und offensichtlich auch
wollen. Der Bundesadler aus Stoff, den er sich an die Jacke
geheftet hat. Die Broschüren, die bei ihm daheim gefunden wurden. Der Ausreiseantrag, der noch immer läuft.
Minutiös notiert sind all die Besuche in der Ständigen
Vertretung.

Auch die Besuche beim ARD-Korrespondenten Lothar
Löwe und bei Peter Pragal, dem Korrespondenten der
Süddeutschen Zeitung, sind nicht unbemerkt geblieben.
»Er gab Pragal ein Interview, in welchem die politischen
und gesellschaftlichen Verhältnisse in der DDR diskrimi-
niert und lächerlich gemacht werden«, notiert der Bericht
voller Abscheu. Und weiter: »Lötzsch besitzt eine verfes-
tigte feindliche Einstellung zu den politischen und gesellschaftlichen Verhältnissen in der DDR.« Deshalb sei nun
klar, so schließt der Bericht an Mielke: »Die Zielstellung
der weiteren Bearbeitung besteht darin, Lötzsch der
staatsfeindlichen Hetze gemäß §106 Strafgesetzbuch zu
überführen.« Staatsfeindliche Hetze. Das bedeutet sieben
Jahre Haft. Die Mindeststrafe.

Wolfgang Lötzsch ahnt nichts von den hektischen Aktivitäten vor den Gefängnistoren und von der Anklage, die

ihm droht. Er wartet noch immer auf seine erste Vernehmung. Er schläft schlecht in der ersten Nacht und in der
zweiten und in der dritten. Das Licht brennt ständig, und
die Wärter schieben wortlos das Essen in die Zelle. Sein
Körper rebelliert. Bis vor drei Tagen hat er täglich auf dem
Rad gesessen, seine Muskeln sind die eines Spitzensport-
lers und in der Lage, Leistungen bis 600 Watt zu treten,
seine Lunge ist beinahe doppelt so groß wie die eines nor-
malen Menschen. Nun sitzt er tatenlos in der Zelle und es
geht ihm schlecht. Der Kreislauf macht immer wieder
schlapp.

Nach fünf Tagen beschließt er, wieder zu trainieren.
Aber er hat kein Fahrrad, wie will er bloß in Form bleiben? In den Tagen darauf blickt der Schließer immer wieder ungläubig durch die Kontrollluke der Zelle. Andere
Häftlinge starren stundenlang apathisch gegen die Wand,
der Untersuchungsgefangene Wolfgang Lötzsch hingegen
macht jeden Tag 3.000 Kniebeugen, dazu unzählige
Liegestütze mit den Händen auf dem kalten Zellenboden.
Nach zehn Tagen lassen sie ihn endlich für ein paar
Stunden auf einem Klapprad trainieren. Es ist ein stink-
normales Straßenfahrrad mit schlechtem Sattel, aber
immerhin ein Rad.

Wirklich besser geht es Lötzsch dennoch nicht. Das
Herz flattert, nur mühsam findet er in den Nächten Schlaf.
Ein Offizier notiert nach der ersten Vernehmung am 27.
Dezember: »Der Beschuldigte Lötzsch klagte über erhebli-
che Schlafstörungen, heftiges Herzklopfen und starke

97

Kopfschmerzen. Dies führte er auf die ungenügenden, wie er sich ausdrückte, ›Abtrainierungsmöglichkeiten‹ zurück. Er befürchtet, dass sich sein gesundheitlicher Zustand unter den Haftbedingungen in nächster Zukunft noch verschlechtern werde.«

Eine dringliche Bitte hat Lötzsch noch an den Offizier. Er kann auf dem Klapprad nicht lange sitzen, man möge ihm doch den Rennsattel von daheim zukommen lassen. Die Bitte wird abschlägig beschieden.

Als Wolfgang Lötzsch nach der Vernehmung durch die langen Gänge der Haftanstalt zurück in seine Zelle geführt wird, weiß er, dass es ernst um ihn steht. »Wir können Sie wegen staatsfeindlicher Hetze anklagen, Herr Lötzsch, das sind sieben Jahre«, haben sie zu ihm gesagt und außerdem, dass es an ihm liege, was nun passiert.

Sieben Jahre, denkt er sich, dann ist es vorbei mit der Karriere. Als sich die Zellentür hinter ihm schließt, beginnt er sofort wieder mit dem Training. Kniebeugen, hunderte Kniebeugen, dann Liegestütze. Kniebeugen. Liegestütze. Kniebeugen.

Es liegt an Ihnen, Herr Lötzsch.

Acht Quadratmeter Kaßberg

Die Zeit in der Zelle vergeht nicht. Sie löst sich auf. Dienstag oder Donnerstag, bald verliert Wolfgang Lötzsch die Orientierung. Morgens steht er auf, zieht sich an, wäscht sich an seinem kleinen Waschbecken. Die Wächter bringen ein karges Frühstück für ihn und seinen Mithäftling. Dann beginnt er mit seinen Übungen. Wieder Kniebeugen, Liegestütze, Kniebeugen. Er zählt sie mit, um sich abzulenken, um nicht nachzudenken, nicht zu grübeln.

Doch dann sind die Fragen wieder in seinem Kopf und stellen sich von selbst. Werden sie ihn lange im Gefängnis behalten? Werden sie seine Karriere endgültig zerstören? Was werfen sie ihm vor? Welchen Strick werden sie ihm drehen, aus den Besuchen in der Ständigen Vertretung, aus seinen Gesprächen mit Peter Pragal, Lothar Loewe und Dirk Sager, aus dem Kontakt mit Herrn Wegner aus Westberlin?

Bald sind zwei Wochen vergangen und noch immer wartet Wolfgang Lötzsch auf seine zweite Vernehmung. Dann endlich öffnet sich die Zellentür und wortkarge Gefängniswärter bedeuten ihm durch Gesten, mitzukommen.

Die Schließer führen ihn in einen kahlen Raum. In der Mitte steht ein wuchtiger Schreibtisch mit drei Stühlen. Zwei Offiziere der Staatssicherheit warten bereits auf ihn, ein Protokollant notiert das Gesagte. Unter dem kalten Licht einer schwarzen Metallleuchte beginnen sie die Befragung. Und schnell begreift Lötzsch, dass es heute nicht um ihn geht. Sie interessieren sich vor allem für Wolfgang Schoppe, den Freund aus Leipzig.

Schoppe ist der Staatssicherheit in Leipzig bereits mehrfach aufgefallen. Drei Tage nach Lötzschs Verhaftung ist er zu dessen Betreuer Christoph Hähle gefahren und hat darauf gedrängt, den ARD-Korrespondenten Loewe von der Festnahme zu informieren. »Wenn im Westfernsehen berichtet wird, sitzt der Lange kürzer im Gefängnis«, hat er gesagt. Aber Hähle zögert, zu groß erscheint ihm das persönliche Risiko, den Fernsehmann aus dem Westen zu informieren. Wolfgang Schoppe wundert sich, wovor hat Hähle bloß Angst.

Die geplante Kontaktaufnahme mit Loewe zerschlägt sich endgültig. Denn kurz nach der zweiten Vernehmung von Wolfgang Lötzsch wird auch Schoppe verhaftet und im Leipziger Untersuchungsgefängnis der Staatssicherheit verhört. Er gibt alles zu, denn nichts von dem, was er getan hat, ist verboten. Weder die Reisen nach Berlin, noch die Besuche bei Pragal und Loewe. Aber das wissen die Vernehmungsbeamten, die nun offiziell gegen Wolfgang Schoppe ermitteln. »Unterstützungshandlungen zur Durchsetzung des rechtswidrigen Ersuchens zur

Ausreise in die BRD des Radsportlers Lötzsch«, lautet der Vorwurf, und an Indizien für die negative Einstellung gegenüber den gesellschaftlichen Realitäten der DDR ist kein Mangel.

Zwar erfüllt Schoppe seine Posten beim Stadtvorstand des DTSB Leipzig und als Mitglied der Sektionsleitung Radsport der BSG Aufbau Centrum Leipzig vorbildlich, »wobei er aber die politische Arbeit nicht einbezieht«, wie eine Aktennotiz verkündet. Besonders verdächtig: »In der Sektion wird viel Reklame für westdeutsche Firmen, welche Radsportmaterial herstellen, gemacht. Schoppe tritt in keiner Weise gegen diese Aktivitäten auf und bagatellisiert diese bei Aussprachen!«

Wessen Geistes Kind Schoppe ist, ist den Beamten ohnehin längst klar: »Seine politische Einstellung brachte er während der Friedensfahrt 1975 zum Ausdruck, indem er gemeinsam mit zwei weiteren Radsportlern das Quartier der BRD-Mannschaft im Hotel ›Astoria‹ aufsuchte. Dort nahm er Verbindung zu dem ehemaligen Profi-Radsportler Rudi Altig auf. Es fand eine längere freundschaftliche Zusammenkunft statt«, berichtet ein Informeller Mitarbeiter und weiß darüber hinaus noch zu vermelden: »Während dieser Zusammenkunft kam es zu Verbrüderungsszenen.« Bedarf es angesichts solcher Indizien noch eines Beweises?

Auch Wolfgang Schoppe wird nun unter vollständige Bewachung gestellt, der Deckname der Operativen Personenkontrolle macht klar, wofür die Staatssicherheit ihn hält. Wolfgang Lötzsch nennen sie »Speiche«, Wolfgang Schoppe den »Lenker«.

Nach zwei Wochen ständiger Befragung machen sie Wolfgang Schoppe ein Angebot, das er nicht ablehnen sollte. Er könne, so sagen sie ihm, die staatsfeindlichen Aktivitäten sühnen. Durch die aktive Mitarbeit beim Ministerium für Staatssicherheit. Aber Schoppe lehnt das Angebot brüsk ab. Und er bekommt prompt die Quittung für seine mangelnde Kooperationsbereitschaft. Kaum ist er aus der Untersuchungshaft entlassen, wird er seines Postens als amtierender Produktionsdirektor und Hauptabteilungsleiter im VEB Medizintechnik Leipzig enthoben. Und sie belegen ihn mit einem zweijährigen Funktionärsverbot im DTSB. Sein Einsatz für Wolfgang Lötzsch kostet Wolfgang Schoppe die berufliche Karriere, sie lassen ihn nicht wieder hochkommen.

Weil er nur wenige Wochen zuvor noch als Aktivist ausgezeichnet worden ist, können sie ihn nun nicht einfach wegen Faulheit degradieren. Ein Jahr lang verbringt Wolfgang Schoppe deshalb tatenlos im Vorzimmer seines ehemaligen Büros, er liest Karl-May-Romane und fährt die Kinder seines Nachfolgers zum Friseur. Bis zur Wende arbeitet er dann als einfacher Mitarbeiter in der Abteilung Betriebsorganisation, erstellt Telefonverzeichnisse und regelt Essenszeiten.

Von all diesen Dingen ahnt Wolfgang Lötzsch nichts. Die Befragung dauert eine Stunde, und er berichtet von seinen Reisen nach Berlin. Ja, er hat Wolfgang Schoppe dort getroffen. Nein, in der Ständigen Vertretung war Schoppe nicht dabei. Ja, bei Lothar Loewe waren sie gemeinsam. »Wie ich aus Gesprächen mit Schoppe entnehmen konnte, hielt dieser sehr viel auf Loewe, und ich möchte sagen, er verehrte Loewe«, sagt Lötzsch den Vernehmern: »Aus diesem Grund wollte er ihn einmal persönlich kennen lernen. In diesem Zusammenhang steht aber auch, dass Schoppe der Meinung war, dass Loewe mittels Veröffentlichung im BRD-Fernsehen mit dazu beitragen könnte, dass ich die von mir angestrebte Ausreisegenehmigung in die Bundesrepublik erhalte.«

Die Offiziere unterbrechen Lötzsch, die Vernehmung ist beendet. Die Schließer treten heran und führen ihn aus dem Raum. Er ist schon zur Tür hinaus, da ruft ihm der Vernehmungsleiter hinterher: »Sie glauben doch nicht im Ernst, dass wir Sie rüberlassen, damit Sie uns die Medaillen wegschnappen! Und selbst wenn wir Sie ausreisen lassen, bei Ihrem ersten Rennen stürzen Sie sowieso. Wir hatten einen Guillaume drüben – da werden wir doch wohl mit einem Lötzsch fertig werden. Denken Sie mal darüber nach!«

Wolfgang Lötzsch hat ausreichend Zeit, darüber nachzudenken. Eine Stunde Hofgang am Tag genehmigen sie ihm, 23 Stunden sitzt er in seiner Zelle. Und einmal in der Woche darf er auf das Klapprad der Anstalt steigen. Ein völlig sinnloses Training. Wie ein Affe auf dem Schleifstein hockt Lötzsch auf dem Behelfsrad, nicht annähernd erinnert die Position an den Sitz im Rennsattel. In der Zelle macht er wieder Kniebeugen, Liegestütze, Kniebeugen. Immer häufiger wird ihm schwarz vor Augen. »Während einer Konsultation mit dem Arzt, bei dem er seine Beschwerden vorgebracht habe, solle sich dieser zu seinem verschlechterten Gesundheitszustand geäußert haben«, notiert die Gefängnisleitung: »Ärztliche Maßnahmen zur Verbesserung seines Gesundheitszustandes seien keine erfolgt!«

Nach zwei Monaten bekommt Wolfgang Lötzsch zum ersten Mal Besuch. Nach vielen Gesuchen haben sie dem Vater endlich gestattet, seinen Sohn für eine halbe Stunde zu sehen. Im Besuchsraum, an einem mit Kunststoff bezogenen Tisch, sitzen sie sich gegenüber und mustern sich.

»Wie geht es dir?«, fragt der Vater.

»Ganz gut«, antwortet der Sohn.

Und so geht das eine Weile: Wolfgang Lötzsch erkundigt sich nach der Mutter, nach Freunden, nach dem Garten. Alles, was jetzt wichtig wäre, bleibt ungesagt. Stattdessen reden Vater und Sohn, wie man eben so redet, wenn der Wachmann an der Tür steht, wenn jedes Wort belauscht und notiert wird. Schon ist die halbe Stunde beinahe um, schon blickt der Schließer auf die Uhr, da beugt sich der Vater plötzlich angestrengt und unauffällig über den Tisch. Er bewegt kaum den Mund und doch spricht er.

»Schlitten«, sagt er und noch ein Wort, das wie »Abbau« klingt.

Schlittenabbau? Was um Himmels willen soll das bedeuten? Zunächst versteht der Sohn nicht. Doch dann allmählich begreift er: Dietmar Schlittchen, sein Freund, ist abgehauen – geflüchtet in den Westen. Wie gerne würde Wolfgang Lötzsch jetzt mehr wissen, doch schon tritt der Schließer an den Tisch. »Besuchszeit abgelaufen«, sagt er knapp, Vater und Sohn erheben sich.

Auf dem Weg zurück zur Zelle rotiert es in Lötzschs Kopf. Schlittchen abgehauen. In den Westen. Wie hat er das geschafft? Viel später erst wird er es erfahren. Dietmar Schlittchen, wie er ein großes Radsporttalent aus dem Sportclub Karl-Marx-Stadt, mit dem er viele Rennen gefahren ist, der nicht mit seinem Freund Wolfgang Lötzsch brechen wollte, den sie isoliert und zu den Grenztruppen eingezogen haben, um ihn zum vorbildlichen Staatsbürger zu erziehen, ist eines Morgens einfach in die Werra gesprungen und hinüber in den Westen geschwommen – in voller Uniform.

Die Lage des Wolfgang Lötzsch verschlechtert sich durch Schlittchens Flucht erheblich. Der enge Kontakt zu einem Republikflüchtling rückt auch seine Fluchtgedanken wieder ins Zentrum der Ermittlungen. Dabei ist es bislang für ihn gut gelaufen. Der Vorwurf der staatsfeindlichen Hetze ist vom Tisch. Nicht nachweisbar, urteilen die Herren von der Staatssicherheit. Denn noch immer behauptet Lötzsch, dem Vertreter der *Süddeutschen Zeitung* nur seine Entwicklung geschildert zu haben. Zudem führte »der Artikel zu keinerlei Reaktionen der staatlichen oder gesellschaftlichen Organe gegen Lötzsch, er wurde danach wieder in den DTSB aufgenommen und erhielt die Startlizenz für DDR-offene Rennen zurück.«

Ärgerlicher wiegt ein anderer Umstand: »In seiner Auffassung, dass der Artikel sein Schicksal wiedergibt, wurde Lötzsch von einer größeren Anzahl von Personen, darunter Wirtschafts- und Sportfunktionäre sowie Mitglieder der SED, bestärkt.« Was also ist zu tun mit Wolfgang Lötzsch?

Am 3. Januar 1977 kommen auf dem Kaßberg die mit der Akte vertrauten Offiziere der Staatssicherheit zu einer Sitzung zusammen und beschließen, dass Lötzsch seine Freiheitsstrafe in der Untersuchungshaftanstalt des Ministeriums für Staatssicherheit auf dem Kaßberg abbüßen soll. Hier hat man ihn unter Kontrolle. Während dieser Zeit wird man ihn, so entscheiden die Offiziere, »hinsichtlich seiner Kontakte und Verbindungen umfassend abschöpfen und operativ nutzen«.

Auch an die Zeit nach der Haft denken die Ministerialen. Vorgeschlagen wird der »Ausbau einer auf Lötzsch positiv wirkenden Verbindung zu einer weiblichen Person und langfristige Vorbereitung der Wiedereingliederung des Lötzsch in eine positive Umgebung«. Und er soll nie wieder professionell Rad fahren – auch das beschließt die Runde: »Einleitung spezifischer medizinischer Maßnahmen, verbunden mit operativen Kombinationen, die bei Lötzsch die Einsicht hervorrufen, dass er aus gesundheitlichen Gründen nicht mehr als Leistungssportler eingesetzt werden kann.«

Von dieser Einsicht ist Wolfgang Lötzsch aber noch weit entfernt. In seiner dritten Vernehmung schlägt er einen überraschend scharfen Ton an. Er kündigt an, das Training auf dem Klapprad der Anstalt einzustellen. Und auch Kniebeugen und Liegestütze will er nicht mehr machen. »Das Mindeste, was ich fordern kann, ist mein Rennrad und eine Trainingsrolle«, fordert er und dann droht er. Die Protokollantin hält fest: »Er deutet an, dass er nach seiner Haftentlassung über alle Umstände in der Untersuchungshaft die Öffentlichkeit der DDR mit Hilfe westlicher Publikationsorgane informieren will.«

Die Vernehmungsbeamten schweigen, denn sie haben einen Verdacht. Die Schließer haben vertraulich mitgeteilt, dass Lötzsch mit einem Mithäftling auf dem Flur mehrfach Zigaretten geraucht hat. Will Lötzsch sich womöglich vorsätzlich gesundheitlich ruinieren, fragen sich die Offiziere, um hinterher behaupten zu können, man habe ihn in der Untersuchungshaft systematisch kaputtgemacht?

Kurz nach der Vernehmung geben die Beamten die Anordnung ans Gefängnispersonal: »Durch Maßnahmen des Medizinischen Dienstes muss gewährleistet werden, dass Lötzsch abtrainiert wird, damit er nach der Haftentlassung nicht mehr als Leistungssportler eingesetzt werden kann.«

Am 18. März findet vor der Strafkammer des Kreisgerichts Karl-Marx-Stadt, Stadtbezirk Mitte-Nord, die Hauptverhandlung gegen Wolfgang Lötzsch statt. Er ist nervös, im Anzug sitzt er auf der Bank und hört die Anklage. Auf einen Anwalt hat er verzichtet, der würde auch nichts ändern, ist er überzeugt. Der Staatsanwalt beantragt wegen Staatsverleumdung eine Gefängnisstrafe in Höhe von zehn Monaten. Wolfgang Lötzsch ist in allen zehn Punkten der Anklage geständig. In seinem Schlusswort bittet er lediglich um eine etwas mildere Verurteilung. Das Kreisgericht unter dem Vorsitz von Direktor Kreher folgt jedoch dem Antrag der Staatsanwaltschaft und verurteilt Wolfgang Lötzsch zu zehn Monaten Gefängnis.

Lötzsch legt Berufung gegen das Urteil ein, doch am 12. Mai 1977 vermeldet der Leiter der Bezirksverwaltung Karl-Marx-Stadt, Siegfried Gehlert, an den Genossen Generaloberst Erich Mielke nach Berlin: »Die gegen das Urteil eingelegte Berufung ist durch das Bezirksgericht Karl-Marx-Stadt verworfen worden.«

Seine Prognose für den Inhaftierten Wolfgang Lötzsch fällt alles andere als positiv aus: »Er hat sich in die Idee, auszureisen, regelrecht verrannt und ist unbelehrbar. Dazu trägt seine Charakterhaltung wesentlich bei, die von Uneinsichtigkeit, Egoismus, Rücksichtslosigkeit, Geltungssucht und ausgeprägtem materiellen Interesse bestimmt wird. Alle Bemühungen, ihn von seinem Vorhaben abzubringen, waren bisher erfolglos und werden von ihm mit Hartnäckigkeit negiert. Auch alle in diesem Zusammenhang eingeleiteten Maßnahmen, die Eltern beziehungsweise die so genannte Verlobte zur positiven Einflussnahme auf Lötzsch heranzuziehen, blieben bisher erfolglos.«

Wolfgang Lötzsch wird in das Männerkommando des Gefängnisses eingeordnet. Fortan zupft er Unkraut, mäht den Rasen der Anstalt. Vor ihm liegen weitere fünf Monate auf dem Kaßberg. Und die Staatssicherheit bereitet sich bereits auf die Zeit nach der Entlassung vor. Die Eltern werden zu einer Aussprache beim Rat der Stadt gebeten, in die Abteilung Inneres. Hinterher wundern sie sich, denn man hatte ihnen offenkundig gar nichts mitzuteilen.

Als sie heimkommen, kehren sie in ein vollständig verwanztes Haus zurück. Experten der Staatssicherheit haben im Wohnzimmer, im Schlafzimmer und weiteren Räumen Sender installiert. Einige Tage später wird auch Lötzschs Freundin Gabriele Nitsche zu einer Aussprache gebeten, beim Rat der Stadt, Abteilung Inneres.

Ein positives Umfeld

Je weiter der September 1977 fortschreitet, desto nervöser wird man in der Abteilung 20 der Bezirksverwaltung Karl-Marx-Stadt. Denn nur noch wenige Tage, dann wird Wolfgang Lötzsch seine Haftstrafe verbüßt haben, am 3. Oktober soll er morgens um neun Uhr entlassen werden. Um ihn weiter im Gefängnis auf dem Kaßberg festzuhalten, das hat der Genosse Generalmajor Rudi Mittig bei einer Besprechung in Berlin klargestellt, fehlt die rechtliche Handhabe.

Die Nervosität hat ihren Grund. Denn Wolfgang Lötzsch ist durch die Haft nicht zur erhofften Einsicht gekommen. Wolfgang Lötzsch hat seine Ausreiseabsichten nicht begraben und er schmiedet bereits Pläne für die Zeit nach der Haft. Er will wieder Radrennen fahren – so schnell und so viele wie möglich. Er weiß, dass jedes Jahr Anfang Oktober in Berlin das Rennen »Rund um den Alex« mit allen Clubfahrern stattfindet, da will er dabei sein.

Fit genug fühlt er sich, die Kniebeugen und Liegestütze haben ihn über die Zeit gerettet. Bei einem Sprechtag vier Tage vor der geplanten Entlassung lässt er sich von seinem

Vater und seiner Freundin von den Aktivitäten berichten. Sie haben gute Nachrichten, denn Wolfgang Schoppe hat von Leipzig aus alles arrangiert. Er hat ihn für »Rund um den Alex« gemeldet und ihm eine Lizenz beschafft. Nur seine Unterschrift fehlt noch auf dem Formular. Eine reine Formsache.

Natürlich wird das Gespräch im Sprechraum fein säuberlich protokolliert: »Aus der Unterhaltung wurde ersichtlich, dass Lötzsch nur Interesse für den Radsport zeigte und, wie er zum Ausdruck brachte, an allen noch stattfindenden Rennen teilnehmen wolle«, meldet das Wachpersonal an die Führungsetage. Als die Abteilungsleiter in der Bezirksverwaltung kurze Zeit später die Nachricht von dem geplanten Start in Berlin auf den Tisch bekommen, ist sofort klar, dass die Reisepläne des Wolfgang Lötzsch auf alle Fälle unterbunden werden müssen. Nicht schon wieder eine sportliche Blamage – schon gar nicht mitten auf den Paradestraßen am Alexanderplatz. Und vielleicht will Lötzsch in Berlin ja nicht nur ein Rennen fahren. Vielleicht plant er ja auch eine Demonstration, um auf seine Lage aufmerksam zu machen.

Lötzsch muss also in Karl-Marx-Stadt festgehalten werden, er darf weder nach Leipzig zu Schoppe noch nach Berlin fahren. Doch die Genossen im Berliner Ministerium erteilen der Bezirksverwaltung eine Abfuhr. »Ein Berlinverbot kann nur durch eine Gerichtsverhandlung ausgesprochen werden, wobei eine konkrete Begründung gegeben sein muss. Wie man einschätzt, ist diese bei

Lötzsch nicht gegeben«, notieren die Sachbearbeiter in Karl-Marx-Stadt enttäuscht. Doch schnell wird eine andere Lösung gefunden. Auf Umwegen will man zum Ziel.

Zu Hilfe kommt dabei eine Formalität. Denn der Personalausweis von Wolfgang Lötzsch liegt seit seiner Verhaftung im Dezember 1976 bei der Volkspolizei. Die gesetzlichen Vorschriften besagen, dass jeder aus der Haft entlassene Strafgefangene sich innerhalb von drei Tagen seinen Ausweis abzuholen hat. Doch Lötzsch, so beschließt die Bezirksverwaltung, soll seinen regulären Ausweis vorerst nicht wieder bekommen: »Hartnäckige Antragsteller auf Übersiedlung, die sich strafbar machen, erhalten in der Regel einen PM 12a durch die Volkspolizei.« Der PM 12a ist ein vorläufiger Personalausweis mit eingeschränkter Bewegungsfreiheit: Reisen ins sozialistische Ausland sind ebenso wenig gestattet wie Fahrten nach Berlin.

Eine zusätzliche Begründung haben die Planer in der Bezirksverwaltung bereits konstruiert: »Da Lötzsch auf dem Passfoto (Haare) nicht mehr identisch ist mit seinem jetzigen Aussehen, besteht die Möglichkeit, dass Lötzsch einen neuen Personalausweis beantragen muss. Dadurch ist die Möglichkeit gegeben, dass Lötzsch bis zur Fertigstellung eines neuen Ausweises ein vorläufiges Dokument erhält.« Besonders wichtig, das wird noch einmal ausdrücklich betont: »Dieses Dokument muss aussagen, dass es nur für Karl-Marx-Stadt Gültigkeit hat.«

Während sich die Offiziere den Kopf über weitere Maßnahmen zerbrechen, freut sich Wolfgang Lötzsch unbän-

dig über die kommende Freiheit. Er hat es kaum noch aus-
gehalten in der Enge der Zelle. Nur einen Brief pro Monat
haben sie ihn schreiben lassen, und einmal in vier
Wochen wurde ein Besuch genehmigt. Sein Vater ist stets
gekommen und auch seine Freundin Gabriele Nitsche. Sie
haben Mut zugesprochen und über die Zeit nach dem
Gefängnis geredet. Doch das half nicht viel, wenn er
abends wieder in der Zelle saß – weggeschlossen hinter
einer schmiedeeisernen Tür mit einem kleinen Guckloch
für den Wärter.

Es ist vor allem die Aussicht, bald wieder im Rennsattel
sitzen zu können, die die letzten Tage ein bisschen schneller vergehen lässt. Im Männerkommando hat er in den
letzten Wochen Unkraut gejätet und die Schweine gefüt-
tert, die von hohen Kadern der Staatssicherheit später bei
Gelagen vertilgt wurden. Und wenn sie ihn dann zurück
in die Zelle gebracht haben, hat er auf seinem Bett
Liegestütze und Kniebeugen gemacht, bis ihm schwarz
vor Augen wurde.

Direkt nach der Entlassung will er nun wieder richtig
und professionell trainieren – auf seinem Rennrad, nicht
auf dem lächerlichen Klapprad in der Haftanstalt. Herum-
gesessen hat er im Gefängnis lange genug, über seinen
Vater bestellt er schon für den Nachmittag des 3. Okto-
bers um vierzehn Uhr einen Kameraden aus der Betriebssportgemeinschaft zu einer Trainingsfahrt zu sich nach
Haus. Und abends am gleichen Tag will er weiter nach
Leipzig fahren, er will Wolfgang Schoppe besuchen. Der

hat während der letzten Monate viel für seinen Freund Lötzsch riskiert. Mehrere Tage hat er bei der Staatssicherheit in Untersuchungshaft gesessen und im Betrieb ist er von der Führungskraft zum einfachen Sachbearbeiter degradiert worden. Man wird sich viel zu erzählen haben.

Am Vortag seiner Entlassung wird Wolfgang Lötzsch noch einmal untersucht. Ein Arzt vom Medizinischen Dienst des Gefängnisses testet sorgfältig seine Lungenfunktionen, seine Muskulatur, seine Herzfrequenz, seine Durchblutung und ist über den guten Allgemeinzustand überrascht. Die einsamen Übungen haben Wirkung gezeigt. Im Mai noch hat der Leiter der Bezirksverwaltung Gehlert an Minister Erich Mielke geschrieben: »Ich schlage vor, durch Sportmediziner die derzeitige und durch Verbüßung der Strafe zu erwartende sportliche Kondition des Lötzsch überprüfen zu lassen. Über die Ausweisung aus der DDR sollte dann entschieden werden, wenn die Sportmediziner bekunden, dass es Lötzsch nicht wieder zu sportlichen Höchstleistungen bringen wird.« Doch im Oktober 1977 ist Wolfgang Lötzsch nur wenig von seiner Bestform entfernt – und das nach zehn Monaten ohne eine einzige Sekunde auf dem Rennrad.

Die Haft hat ihn nicht gebrochen, so viel ist klar. Nun müssen neue Maßnahmen her, erprobte Maßnahmen aus dem operativen Fundus des Ministeriums. Leiter Siegfried Gehlert hat es ja bereits im Schreiben an Erich Mielke angeregt: »Ausbau einer auf Lötzsch positiv wirkenden Verbindung zu einer weiblichen Person und langfristige

Vorbereitung der Wiedereingliederung des Lötzsch in eine positive Umgebung.« Die positive Umgebung soll eine neue Arbeitsstelle sein. Kein Studium mehr, das ihm genügend Zeit lässt, nebenher für die Rennen zu trainieren, sondern körperliche Arbeit. In einer Gärtnerei soll er als Gehilfe arbeiten, man wird es ihm anbieten. Für eine umfassende Kontrolle des neuen Mitarbeiters ist bereits gesorgt: Die Leiterin des Betriebes steht bei der Staatssicherheit im Sold.

Und auch die Anbahnung eines zwischenmenschlichen Kontaktes ist in Vorbereitung. »Die Aufgabe besteht darin, den weiblichen IM ›Ulrike‹ unserer Diensteinheit mit dem Verdächtigen zu kontaktieren, in der Folgezeit vertrauliche Beziehungen herzustellen.« Dass Wolfgang Lötzsch derzeit eine Lebensgefährtin hat, ist für die Staatssicherheit kein Hindernis: »Der Verdächtige ist an Frauenbekanntschaften interessiert. Gegenwärtig hat er zwar ein stabiles Verhältnis zu einem Mädchen, jedoch ist dieses Verhältnis durch gezielte Maßnahmen zu zerstören. Ein Verhältnis zu ›Ulrike‹ wäre für den Verdächtigen auch aus materiellen Gründen erstrebenswert!«

Dann endlich ist der 3. Oktober gekommen. Früh morgens um acht Uhr wird Wolfgang Lötzsch aus seiner Zelle geholt und von den Schließern in eine Kabine geführt. Dort bekommt er die Kleider ausgehändigt, die er zehn Monate zuvor bei seiner Verhaftung trug, er muss den Empfang quittieren. Er zieht sich um, dann geleitet ihn ein Mitarbeiter zur Torwache. Draußen auf der Kaßbergstraße sitzen bereits seit acht Uhr in unauffällig geparkten Autos die Einsatzkräfte der Staatssicherheit. Sie werden Wolfgang Lötzsch in den nächsten Tagen keine Sekunde aus den Augen lassen. Und sollte er tatsächlich versuchen, trotz des Verbotes nach Berlin zu gelangen, wird man ihn daran hindern. Der Bahnhof Karl-Marx-Stadt steht ebenfalls unter Beobachtung.

Um 8 Uhr 36 öffnet sich das Tor des Untersuchungsgefängnis. Die Oberservanten notieren daraufhin minutiös: »Dann trat Lötzsch auf die Kaßbergstraße. Er trug eine grüne Studentenkutte, roten Pulli und blaue Jeans. In der Hand hatte er eine karierte Reisetasche. An der Einfahrt zum Strafvollzug blieb der Lötzsch stehen und schaute mehrfach aufmerksam nach beiden Seiten der Kaßbergstraße. Dabei musterte er intensiv den Personen- und Fahrzeugverkehr.«

Seine Freundin Gabriele Nitsche erwartet ihn vor dem Gefängnistor. Dazu notiert das Protokoll: »Um 8 Uhr 38 lief er langsam auf der rechten Seite der Kaßbergstraße in Richtung Weststraße. Als er die Nitsche sah, lief er auf sie zu und begrüßte sie stürmisch und liebevoll. Nach einer anschließenden kurzen Unterhaltung liefen sie beide weiter in Richtung Helmut-Just-Straße und Seumestraße und betraten hier den Stadtbezirk Mitte/Nord. Auf der gesamten Wegstrecke unterhielten sich die beiden angeregt, wobei sie gelegentlich Zärtlichkeiten austauschten.«

Ein Verhältnis, durch gezielte Maßnahmen zu zerstören.

Persönliche Aussprachen

Wolfgang Lötzsch ahnt, dass er beobachtet wird. Auf dem Weg vom Gefängnis nach Hause dreht er sich immer wieder um und blickt aufmerksam umher. Folgen ihm Autos oder einzelne Fußgänger? Er kann nichts erkennen. Denn seine Beschatter halten sich zurück, nie nähern sie sich dem Paar mehr als auf hundert Meter. Sie halten Distanz, als Lötzsch und Gabriele Nitsche seine Eltern aufsuchen, als Lötzsch beim Atelier »Poly-Foto« ein neues Passfoto anfertigen lässt und als er später mit Christoph Hähle eine Trainingsfahrt unternimmt.

»Während der gesamten Fahrt unterhielten sich beide sehr angeregt, wobei der Lötzsch oft nach hinten schaute und so den nachfolgenden Fahrzeugverkehr kontrollieren konnte. Aus konspirativen Gründen wurde am Ortseingang von Ursprung die Beobachtung unterbrochen, da offensichtlich war, dass der Lötzsch mit dem Hähle eine Trainingsfahrt unternahm«, notieren die Beobachter.

Bis spät in die Nacht dauert an diesem Tag die Observation. Erst als die Einsatzgruppe bei einer Kontrolle feststellt, dass in der Wohnung von Wolfgang Lötzsch das

Licht erloschen ist, kann die Beobachtung unterbrochen werden. Zuvor allerdings wurde noch am Hauptbahnhof Karl-Marx-Stadt der D-Zug nach Ostberlin kontrolliert, der um 22 Uhr 39 losfährt. Zu diesem Zeitpunkt aber schläft Wolfgang Lötzsch längst, es ist seine erste Nacht in Freiheit.

Bereits am nächsten Tag ist Lötzsch zu einem Treffen mit Hülsberg, dem Generalsekretär des Radsportverbandes, und Krebs, dem Vorsitzenden des DTSB, in den Bezirks-vorstand des DTSB geladen. Es gehe um seine weitere sportliche Entwicklung, hat man ihm bereits zuvor gesagt. Mit anderen Worten: Die Funktionäre wollen Klarheit. Der Ton ist frostig, und unmissverständlich erklärt ihm Hülsberg: »Deine sportlichen Perspektiven liegen nicht mehr im Leistungssport, sondern im Volkssport!«

Wolfgang Lötzsch ist wenig überrascht, das hat er be-reits geahnt und einen schriftlichen Protest vorbereitet, den er den verdutzten Genossen überreicht. Die beraten sich kurz und verkünden dann: »Unter diesen Umständen wird dir die Radsportlizenz entzogen, und auch der Start in Berlin ist damit hinfällig!«

Wolfgang Lötzsch reagiert abermals gelassen und sagt in ruhigem Ton, dass er weiterhin gedenke, in die BRD aus-zureisen. »Ich habe die Mittel und Möglichkeiten, meine Situation in der BRD zu popularisieren.« Nach dem Gespräch hat es Hülsberg sehr eilig. Er fährt direkt nach Leipzig zum Bezirksfachausschuss Radsport und verord-net den sofortigen Lizenzentzug. Und tatsächlich: Noch am gleichen Tag wird Wolfgang Lötzsch aus dem Deutschen Turn- und Sportbund ausgeschlossen.

Aber auch Wolfgang Lötzsch hat nach dem Gespräch mit den Funktionären noch einen Termin. In der Abteilung Inneres spricht er wegen seines laufenden Ausreiseantrages vor. Die Antwort lässt an Deutlichkeit nichts zu wünschen übrig:»Herr Lötzsch, der Antrag auf Übersiedlung trägt rechtswidrigen Charakter und wurde deshalb endgültig abgelehnt«, sagt der zuständige Sachbearbeiter und fügt hinzu:»Völlig sinnlos, weitere Anträge zu stellen. Die werden allesamt abgelehnt!«

Wolfgang Lötzsch verzieht keine Miene und stellt klar, dass er auch bei ständiger Ablehnung weitere Anträge stellen werde:»Ich will unbedingt in die Bundesrepublik und dort Profiradsport betreiben.« Er lässt sich seine Enttäuschung nicht anmerken. Auch nicht am darauf folgenden Tag, als er an seiner künftigen Arbeitsstelle vorstellig wird. Die Gärtnerische Produktionsgenossenschaft Karl-Marx-Stadt wird ihn als Hilfsarbeiter einstellen. Doch Lötzsch hält wenig von falschen Tönen:»Ich bin gerne bereit, pro forma einen Arbeitsvertrag abzuschließen, weil ich die Auflage habe, mir binnen drei Tagen eine Arbeitsstelle zu suchen.«

Die Leiterin der Genossenschaft gibt sich wenig begeistert: Man erwarte ein volles Arbeitspensum von ihm, erklärt sie, der Arbeitsvertrag dürfe keinesfalls nur pro forma abgeschlossen sein. »Lötzsch nahm dies gelassen zur Kenntnis«, berichtet sie später an die Staatssicherheit.

Überhaupt hat Wolfgang Lötzsch die staatlichen Stellen bislang überrascht, wie der Leiter der Abteilung 20 am 5. Oktober protokolliert: »Überall verhält er sich sehr korrekt, tritt sachlich und zurückhaltend auf.«

Doch die Staatssicherheit traut der scheinbaren Zurückhaltung nicht, der Einsatz der IM »Ulrike« wird immer konkreter. Die Einzelheiten stehen bereits fest: Ulrike wird ihre Handtasche verlieren und Wolfgang Lötzsch wird sie während eines Radtrainings finden. »Gibt der Verdächtige die Tasche ab, so erklärt ›Ulrike‹, dass sie sich den Verlust nur so erklären kann, dass die Tasche, die sie im Wartburg auf dem Beifahrersitz liegen hatte, in einer Kurve vom Sitz rutschte, was sie nicht bemerkte.« So ist es geplant. So soll ein freundschaftlicher Kontakt entstehen und bald mehr. Sie wird positiv auf ihn einwirken, denn »das Hauptziel aller Maßnahmen ist, eine Ausschleusung des Verdächtigen zu verhindern sowie sein negativ-demonstratives Auftreten zu unterbinden.« Einige Monate später wird tatsächlich eine Geldbörse ausgelegt. Lötzsch fährt daran vorbei.

Ohnehin ahnt er nichts von all den Vorbereitungen, eine Beziehung anzubahnen. Dafür schöpft er wieder ein wenig Hoffnung. Denn Herr Wegner, sein Verbindungsmann in den Westen, hat sich wieder gemeldet, die beiden treffen sich vertraulich in Berlin. Wieder fahren sie zunächst ziellos durch die Gegend, dann sprechen sie über das Geschehene, die Haft und das, was nun werden soll.

Hinterher erstattet der IM seinem Führungsoffizier Bericht: »Ich riet ihm, sich ruhig zu verhalten und nicht erneut die Aufmerksamkeit der Behörden auf sich zu lenken. Das Ansinnen eines illegalen Übertritts konnte ich ihm ausreden, da er in einem solchen Fall eine Sperre bekäme und die Herren im Bund Deutscher Radfahrer nur an einem Rad fahrenden Lötzsch interessiert seien.« Das sieht auch Wolfgang Lötzsch ein.

Einige Tage später ist Wolfram Lindner, der Verbandstrainer, zu Gast in Karl-Marx-Stadt. Er will mit einigen Trainern sprechen und Fahrer beobachten – eigentlich ein reiner Routinebesuch. Doch als er das Gelände des Sportclubs betritt, fährt plötzlich einer vorbei, den Lindner nur zu gut kennt. »Das war doch der Lötzsch«, denkt er und kann es gar nicht fassen.

Aufgeregt läuft er ins Gebäude und befragt entgeistert die Funktionäre: »War das eben der Lötzsch?«

Die Sportclub-Verantwortlichen wundern sich über die Aufregung. »Wir haben den Auftrag, dass der jetzt wieder bei uns trainieren darf.«

Lindner kann es immer noch nicht fassen. Eilends telefoniert er nach Berlin, verlangt den Genossen Hülsberg. »Der Lötzsch trainiert in Karl-Marx-Stadt! Wie kann das sein?«, fragt er ihn.

Hülsberg fällt aus allen Wolken und stellt Nachforschungen an: Und in der Tat, erfährt er vom DTSB-Vorsitzenden Teichmann, hat Wolfgang Lötzsch seine Lizenz zurückbekommen und könnte so schon beim anstehenden Querfeldeinrennen in Remse im Bezirk Karl-Marx-Stadt starten.

Was ist passiert? »Genosse Krebs schätzte die Sachlage so ein, dass Genosse Teichmann sich seinem BFA-Vorsitzenden gegenüber nicht durchsetzen konnte, da eine derartige straffe Ordnung in Leipzig nicht bestände«, analysiert die Staatssicherheit in Karl-Marx-Stadt.

In Remse ist Wolfgang Lötzsch tatsächlich vor Ort. Aber er nimmt nicht an dem Rennen teil. Schließlich hat er gegen das Startverbot, das Hülsberg gegen ihn ausgesprochen hat, schriftlich protestiert. Die Verhandlung über den Einspruch steht in den nächsten Tagen an. Vielleicht, so hofft er, kann er zum Saisonbeginn wieder in der Leistungsklasse starten.

Das jedoch will Teichmann nun verhindern. Er lädt Lötzsch zu einer persönlichen Aussprache vor und rät ihm dringend, aus der BSG Aufbau Centrum Leipzig seines Freundes Wolfgang Schoppe auszuscheiden. Ansonsten, so Teichmann, müsse der Direktor des Trägerbetriebes, der VEB Spezialkombinat Leipzig, die BSG auflösen. Am 31. Oktober 1977 bittet Wolfgang Lötzsch förmlich um die Aufhebung seiner Mitgliedschaft bei Aufbau Centrum.

Ansonsten haben die staatlichen Organe wenig Grund zur Klage: »Seit dem 7. Oktober 1977 arbeitet Lötzsch wie vorgesehen als Gärtnerei-Gehilfe. Er verhält sich diszipliniert und in keiner Weise renitent. Er hat eine Reihe seiner früheren Verbindungen wieder geknüpft und trainiert, sobald er es ermöglichen kann.«

Eine dieser Verbindungen ist sein Freund Christoph Hähle. Seit vier Jahren kennen sich die beiden und haben sich schätzen gelernt. Im Radsport ist Lötzsch-Hähle längst ein Begriffspaar geworden. Zu welchem Rennen Wolfgang Lötzsch auch antritt, sein Betreuer Christoph Hähle ist mit dabei.

Einen Namen aber hat Wolfgang Lötzsch im Winter 1977 noch nie gehört. »Wolfgang Lindner«. Erst im März 1992 wird er diesen Namen erstmals lesen – in blauer Tinte geschrieben, auf einem Zettel in seiner Akte. Christoph Hähle hat ihn sich selbst ausgesucht, als er sich bei der Staatssicherheit, Bezirksverwaltung Karl-Marx-Stadt, als Inoffizieller Mitarbeiter verpflichtete.

Wie hat es Oberst Pierschel von der Staatssicherheit in seinem Schreiben an die Abteilung 18 formuliert? »Der durch ihre Diensteinheit geworbene IM unterhält enge freundschaftliche Verbindungen zur Person Lötzsch. Nach der Haftentlassung hat der IM das vordem bestehende Verhältnis zu Lötzsch wieder herzustellen.« Denn die Staatssicherheit hat offenbar viel vor mit dem IM »Wolfgang Lindner«: »Um eine hohe Effektivität bei der Erzielung von operativen Ergebnissen zu erreichen, ist zu prüfen, inwieweit der IM zeitweilig unserer Abteilung übergeben werden kann.«

Ein verlockendes Angebot

Wolfgang Lötzsch lebt in den folgenden Monaten ein unauffälliges Leben. Noch einmal hat er trotzig einen Ausreiseantrag gestellt, und wer es hören will, dem erzählt er von seinem großen Traum, als Radprofi in der Bundesrepublik die großen Rennen zu fahren. Immer betont er dabei, legal ausreisen zu wollen. Doch die Staatssicherheit meint längst zu ahnen, was Lötzsch wirklich plant. Hat er nicht Herrn Wegner aus Westberlin erzählt, er wolle fliehen und brauche dazu Hilfe?

»Ausgehend vom operativen Sachstand ergibt sich der begründete Verdacht«, mutmaßt die Staatssicherheit, »dass Lötzsch gemeinsam mit dem Verräter Schlittchen strafbare Handlungen plant, mit dem Ziel, den Verdächtigen Lötzsch in die BRD auszuschleusen.« Der Verräter Schlittchen. Ein Jahr ist es her, dass Dietmar Schlittchen geflohen ist, und noch immer nagt es an der Moral der Staatssicherheit, dass die Flucht nicht verhindert werden konnte. Auf keinen Fall soll nun auch noch der zweite talentierte Radfahrer verschwinden und womöglich im Westen große Erfolge feiern.

Ein ganzes Bündel von Maßnahmen wird also beschlossen. Sie sollen das Sicherheitsproblem Wolfgang Lötzsch zu einer endgültigen Lösung bringen: Der IM Wegner wird noch einmal aktiviert, er soll Wolfgang Lötzsch aushorchen. Seine Vorgesetzten möchten alles wissen: Was plant Lötzsch, wie und wann will er fliehen, und wenn er flieht, nimmt er dann seine Freundin mit? Weiht er sie ein oder verlässt er sie?

Parallel zu Wegners Gesprächen mit Lötzsch sollen Inoffizielle Mitarbeiter der Staatssicherheit in westlichen Radsportkreisen das Gerücht streuen, Wolfgang Lötzsch mache nun mit der Staatssicherheit gemeinsame Sache. »Zu einem zweckmäßigen Zeitpunkt wird der IM brieflich Kontakt zum Verdächtigen aufnehmen«, heißt es in den Planungen, »und ihn damit konfrontieren, dass sich in bundesdeutschen Kreisen das Gerücht hält, Lötzsch habe sich mit der Staatssicherheit eingelassen. Dabei gibt der IM an, es erst nicht geglaubt zu haben, aber jetzt habe er einen Beweis. Der IM zieht sich entrüstet von Lötzsch zurück und droht an, allen, die es noch nicht wissen, zu sagen, ›was für ein Schwein‹ Lötzsch in Wirklichkeit ist.«

Und damit nicht genug. Der Planungsstab schlägt weitere Schritte vor: »Nach Erreichen der Etappe sind geeignete Maßnahmen einzuleiten, um Lötzsch moralisch abgleiten zu lassen. Dazu können gehören: übermäßiger Alkoholgenuss, Rauchen, Arbeitsbummelei, Zerstören seines Verhältnisses, häufig wechselnde Frauenbekanntschaften.«

Das Planspiel der Staatssicherheit ist bis ins Detail ausgefeilt und auf alle Eventualitäten eingerichtet, nur mit der Wirklichkeit hat es wenig zu tun. Denn Wolfgang Lötzsch will gar nicht fliehen – nicht mehr. Sicher, als er sich das erste Mal mit Herrn Wegner in Berlin traf, da hat er darüber nachgedacht und sich gefragt, ob das Leben danach nicht das Risiko lohne. Einmal volles Risiko und dann das Leben im Westen genießen. Aber nun fragt er sich viel zu häufig, was mit ihm wohl passieren würde, wenn sie ihn erwischen. Er würde wieder ins Gefängnis geworfen und diesmal für länger. Die guten Jahre als Radsportler wären dann endgültig vorüber. Und wer weiß, vielleicht lehnen sie seinen nächsten Antrag ja nicht mehr ab und lassen ihn doch noch legal ausreisen.

Die Hoffnung erfüllt sich nicht. Auch der nächste Ausreiseantrag, von Wolfgang Schoppe formuliert, wird verworfen – genau wie alle Anträge zuvor. Und beinahe noch schwerer wiegt der Ausschluss aus dem DTSB. Nun darf er nicht einmal mehr in der Allgemeinen Klasse fahren. Keine Häuserblock-Rennen, keine Auswahlrennen mehr. Zwar trainiert er so leidenschaftlich wie zuvor, doch zeigen kann er sein Können fortan nur noch in den langen Trainingsfahrten mit guten Freunden in den hügeligen Feldern rund um Karl-Marx-Stadt.

Und schon bald fallen ihm die Ausfahrten schwerer und schwerer. Zweihundert Kilometer ist er oft täglich gefahren, bei Wind und Wetter. Wozu das alles noch? Der Traum vom Olympischen Gold ist ausgeträumt, es gibt keine Rückkehr mehr in den Nationalkader der DDR. Auch der Kontakt zu Herrn Wegner aus Westberlin ist abgebrochen – keine Hoffnung mehr auf eine Zukunft im westdeutschen Profisport.

Nun merkt er, wie sehr ihm die Wettkämpfe abgehen. Das Warten auf den knallenden Startschuss, die Duelle mit den anderen BSG-Fahrern, der Blick auf die sirrenden Hinterräder, der Applaus der Zuschauer. Immer häufiger sieht man ihn abends tief deprimiert in sein Haus zurückkehren. Er stellt das Fahrrad in die Garage und sitzt dann grübelnd im Wohnzimmer.

Kein einziges Rennen bestreitet Wolfgang Lötzsch im Jahr 1978. Und um die Jahreswende hält er es nicht mehr aus: Er bittet um einen Gesprächstermin bei der Staatssicherheit in Karl-Marx-Stadt und erklärt dort, unbedingt wieder Rennen fahren zu wollen. Die Herren von der Sicherheit überlegen lange, dann teilen sie ihm ihre Bedingungen mit. Er muss seinen Ausreiseantrag zurückziehen, dann könne man darüber nachdenken, ihn möglicherweise wieder in den BSG-Sport einzugliedern.

Weitere Bedingungen werden nicht gestellt: Weder muss Wolfgang Lötzsch sich zur Zusammenarbeit verpflichten, noch muss er etwas unterschreiben. Aber der Antrag muss vom Tisch. Lötzsch nickt langsam, so etwas hat er sich bereits gedacht. Er ringt mehrere Tage mit sich, berät sich mit Freunden und seinen Eltern. Er muss an die zehn Monate Gefängnis denken – daran, wie sie ihm das Leben schwer gemacht haben, und daran, dass er vor dem

Staat noch nie in die Knie gegangen ist. Dann zieht er den Antrag förmlich zurück.

In der Folge geht alles sehr schnell. Nur wenige Tage später, am 13. Januar 1979, wird Wolfgang Lötzsch nach Berlin ins Ministerium eingeladen. Dort teilen ihm die Beamten mit, dass er rückwirkend zum 1. Januar in die BSG Motor Ascota Karl-Marx-Stadt eingegliedert und fortan finanziell unterstützt wird. Auf staatlich zugeteiltes Importmaterial müsse er allerdings verzichten.

Wolfgang Lötzsch nickt erleichtert und sagt den Herren vom Ministerium: »Ich warte nur noch auf den Tag, an dem ich meinen ersten Wettkampf bestreiten kann!« Dann fährt er zurück nach Karl-Marx-Stadt und bereitet sich auf sein erstes Rennen nach über achtzehn Monaten vor. Er kauft sich für 2.000 Mark ein Tretlager und bezahlt 1.500 Mark für ordentliche Bremsen. Die Rennschuhe von Adidas kosten noch einmal 400 Mark, seinem 20 Jahre alten »Diamant«-Rahmen hält er die Treue. Er fühlt sich gerüstet.

Und als die Rennsaison 1979 beginnt, ist es so, als sei Wolfgang Lötzsch nie fort gewesen. Er gewinnt alle Auswahlrennen der Allgemeinen Klasse, er wird drei Mal Meister und punktbester Fahrer der Betriebssportgemeinschaften. Doch so bestechend Wolfgang Lötzsch auch in Form ist, so weit entfernt ist nun die nationale Spitze. Hermetisch riegelt der Radsportverband die Leistungsklasse ab. Theoretisch dürften die zwanzig besten BSG-Fahrer sich mit den Clubfahrern messen.

128

Doch seit Wolfgang Lötzsch wieder Rennen fährt, ändert der Verband flugs die Regeln und teilt mit, künftig würden beide Klassen wieder ausschließlich getrennte Rennen fahren.

Kein Tribüne-Bergpreis, keine Erzgebirgs-Rundfahrt und kein »Rund um Berlin« also für Wolfgang Lötzsch. Stattdessen muss er weiter um Häuserblocks und Schrebergärten fahren. Natürlich wäre er zu gerne wieder bei den großen Rennen dabei. Aber wie schön ist es, überhaupt wieder dabei zu sein.

Und überhaupt ist jetzt vieles anders. Denn auf einer Betriebsfeier seiner Produktionsgenossenschaft hat Wolfgang Lötzsch Annerose Langer kennen gelernt. Zuerst haben sie nur lange geredet, der Radsportler und die lebenslustige junge Frau, aber dann blieben sie zusammen. Und fortan ist Annerose Langer die Frau an der Seite von Wolfgang Lötzsch.

Dass Lötzsch ab sofort bei allen Rennen von einer jungen Frau begleitet wird, wird von den Konkurrenten zunächst mit einem abschätzigen Schmunzeln quittiert. Denn auch der Radsport der DDR ist in den achtziger Jahren eine reine Männerdomäne. Annerose Langer ist die einzige Betreuerin im gesamten Fahrerfeld. Rennen für Rennen packt sie den Wagen voll mit Ersatzreifen, mit Wasserflaschen und Ersatzteilen und fährt dem Peloton hinterher.

Kein leichtes Unterfangen, denn die Sportler lassen sie schnell spüren, dass sie härter als ihre männlichen Kollegen um Anerkennung ringen muss. In den ersten Rennen blockieren die anderen Fahrer gerne einmal den Weg nach vorne, wenn Wolfgang Lötzsch an der Spitze enteilt ist. Die Achtung der Trainer und Sportler erringt sich Annerose Langer erst langsam. Werner Marschner, Lötzschs ehemaliger Trainer, erinnert sich heute: »Nach einem Kriterium unterhielt ich mich mit einer junger Dame, die auffallend oft über Wolfgang Lötzsch und seine Leistungen sprach.« Erst später wurde er von einem seiner Fahrer aufgeklärt: »Das war doch die Lebensgefährtin vom Lötzsch!«

Annerose Langer ist auch beim Traditionsrennen »Rund um den Scharmützelsee« dabei. Dort lässt der Radsportverband ihren Schützling Wolfgang Lötzsch zwar starten, allerdings wie gehabt nur in der Allgemeinen Klasse. Für die Leistungsklasse ertönt fünf Minuten zuvor der Startschuss – genug Zeit also, kalkulieren die Organisatoren, damit sich beide Felder nicht in die Quere kommen. Und so sind die Spitzenfahrer bereits weit enteilt, als die Allgemeine Klasse mit Wolfgang Lötzsch ins Rennen geschickt wird. Doch kaum sind die BSG-Fahrer auf der Straße, jagen Lötzsch und drei Begleiter der Leistungsklasse hinterher.

Was zunächst als Ausreißversuch daherkommt, ist schon bald ein Einholen um jeden Preis. Sekunde um Sekunde, Minute um Minute verringert sich der Abstand auf die Spitzenfahrer und am Ende fährt Lötzsch mitten im Pulk der Leistungsklasse. Im Sprint wird er schließlich Vierter und ist fünf Minuten schneller gewesen als das gesamte Feld der Clubfahrer. Deren Trainer blicken entsprechend süßsauer drein. Sie lassen sich nicht gerne blamieren. Das Husarenstück des Wolfgang Lötzsch hat ihn seinem Ziel, wieder bei den großen Rennen mitfahren zu können, keinen Schritt weiter gebracht.

Die Staatssicherheit hingegen hat ihr Versprechen gehalten. Am 17. März 1979 wird der operative Vorgang »Speiche« für beendet erklärt und im Archiv zur Ablage gebracht. Es ist ein kleiner Sieg für Wolfgang Lötzsch. Und vielleicht seine größte Niederlage.

Knüppelpflaster und ein Kofferradio

Die Hitze ist kaum auszuhalten, schon in den frühen Morgenstunden. Wolfgang Lötzsch wälzt sich auf der Couch seines Berliner Freundes Klaus Bernhard hin und her. An Schlaf ist längst nicht mehr zu denken, die Luft steht in der Wohnung, und klebrig hängt das Kissen unter dem Kopf. Noch heißer als in den Tagen zuvor soll es werden, das haben sie im Berliner Rundfunk vermeldet, der Sommer 1983 ist ein Jahrhundertsommer. Wolfgang Lötzsch starrt an die Decke, seine Gedanken sind bereits auf der Straße.

Wenige Stunden noch, dann werden 128 Fahrer auf der Straße vor dem Traditionslokal »Hackepeter« in Weißensee ungeduldig auf den Start der 77. Auflage des Klassikers »Rund um Berlin« warten – Reifen an Reifen, die Hand am Lenker, einen Fuß bereits in der Schlaufe des Pedals. Eine kehlige Stimme aus dem Lautsprecherwagen wird die Fahrer vorstellen: die Nationalfahrer Hans Matern, Uwe Ampler, Olaf Ludwig, Peter Scheibner, Uwe Raab und Jan Schur mit ihren blitzenden Rennmaschinen aus dem Westen, die Nachwuchsfahrer, die Gastfahrer aus der UdSSR und der CSSR, aus Ungarn, Rumänien und der Volksrepublik Polen. Und die Startnummer 148, Wolfgang Lötzsch von der BSG Motor Ascota Karl-Marx-Stadt.

Sie lassen ihn wieder mitfahren. Noch nicht bei den großen Klassikern, nicht beim renommierten Tribüne-Bergpreis, nicht bei der DDR-Rundfahrt. Seine Meldungen lehnt der Radsportverband brüsk ab, ein ums andere Mal. Weil Lötzsch bei den Kriterien im Frühjahr den Clubfahrern auf und davon gefahren ist. Und weil Axel Tönsmann, der Vizepräsident des Radsportverbandes, vor versammeltem Präsidium erklärt hat:»Einen Knastbruder wie Lötzsch kann man nicht ständig auf unsere besten Clubfahrer loslassen. Der hat erst einmal zu arbeiten, um seine schwere Schuld zu sühnen.«

Aber zu den Eintagesfahrten und DDR-Meisterschaften lassen sie ihn zögernd zu, weil ja die Staatssicherheit den Vorgang »Speiche« inzwischen zu den Akten gelegt hat, weil Wolfgang Lötzsch keinen Antrag auf Ausreise mehr stellt und weil Freund Wolfgang Schoppe im Präsidium Eingabe um Eingabe geschrieben hat, endlich die Fahrer aus dem Betriebssport wieder zu den Rennen der Clubfahrer zuzulassen.

So darf Wolfgang Lötzsch also auch für »Rund um Berlin« melden, den ältesten Radklassiker Deutschlands. Täve Schur hat hier 1951 gewonnen, und der Name Klaus Ampler steht gleich fünfmal in der Siegerliste. Auch Wolfgang Lötzsch hat das Rennen schon einmal gewonnen. Aber das war 1974 und ist lange her. Neun Jahre später läuft ihm die Zeit davon. Ihn schmerzen die verlorenen Jahre, er ist des Kampfes müde. »Ich hatte die Schnauze voll«, sagt Lötzsch heute: »Ich wollte nur noch Rad fahren.« Und deshalb hat er in den Wintermonaten noch härter trainiert, bei eisigen Temperaturen ist er viele hundert Mal die Berge rund um Chemnitz hinaufgefahren, hat sich Kilometer um Kilometer in die Beine gestrampelt.

Es hat sich gelohnt: Er kann mehr als nur mithalten, das merkt er spätestens bei den DDR-Meisterschaften auf dem Schleizer Dreieck. Nirgendwo in der DDR geht es so hügelig zu wie hier zwischen Annaberg und Zschopau. Die komplette Elite ist angetreten und hört vor dem Startschuss erneut die obligatorische Direktive: »Geschlossen gegen Lötzsch!«

Doch sooft die Auswahlfahrer, ob nun Bernd Drogan, Uwe Raab oder Olaf Ludwig, auch bei sengender Hitze am steilen Anstieg zum legendären Hügel »Lug ins Land« attackieren, mehr als fünfzig Meter kommt niemand weg, weil Wolfgang Lötzsch sofort energisch hinterhersteigt. Zweiundzwanzig Mal geht es die Steigung hinauf, und zweiundzwanzig Mal bleibt Lötzsch am Hinterrad.

Einer, der an diesem Nachmittag am »Lug ins Land« steht, ist der Radsportfan Peter Nötzold aus Grüna: »Nie werde ich das fassungslose Gesicht von Täve Schur vergessen, der unter den vielen Zuschauern stand. Er schüttelte immer wieder den Kopf, das konnte er nicht fassen.« Am Ende wird Lötzsch Sechster bei der Straßenmeisterschaft der DDR. Ein Ehrenplatz und ein warmer Händedruck.

Und noch eines nimmt Lötzsch mit auf die Heimreise nach Karl-Marx-Stadt: Die Gewissheit, dass sie ihn bei »Rund um Berlin« nicht abhängen werden.

All das schwirrt Wolfgang Lötzsch durch den Kopf, jetzt wo er da liegt, auf der Couch seines Freundes Klaus Bernhard in der Karl-Marx-Allee in Berlin. Heute will er zumindest eine Zwischenwertung gewinnen, das nimmt er sich vor, dann dreht er sich zur Wand und findet schließlich doch noch ein wenig Schlaf, bis der Wecker um sechs Uhr klingelt und der Renntag beginnt.

Drei Stunden später, um Punkt neun Uhr, streckt der Rennleiter in Weißensee die Pistole in die Luft und schickt mit einem lauten Knall 128 Fahrer aus sieben Ländern auf die Strecke. 197 Kilometer führen über den glühenden Asphalt der Berliner Ausfallstraßen und das Knüppelpflaster der brandenburgischen Dörfer. Nur sehr gemächlich setzt sich das Feld in Bewegung. Auf den ersten fünfzig Kilometern ist der gefürchtete Klassiker nicht mehr als eine gemütliche Ausfahrt.

Die Nationalfahrer kontrollieren das Feld von vorne, und nicht einmal die sonst so forschen Nachwuchsfahrer machen Anstalten, es auf eigene Faust versuchen zu wollen. Das Rennen ist schließlich noch lang. Ein so früher Alleingang wäre blanker Irrsinn bei der Hitze, die sich schon morgens bleiern über das Land legt. Und so vermelden die Motorräder per Funk nach Erkner, dem Ort der ersten Zwischenprüfung: »Das Feld immer noch zusammen.«

Doch diese Nachricht ist bald überholt. Denn im beschaulichen Zeuthen ist es plötzlich vorbei mit dem gemütlichen Sommerausflug der hundert Fahrer. Die Startnummer 148 mit dem weißen Trikot hat sich nahezu unbemerkt aus der zweiten Reihe nach vorne geschlichen, hat an den Hinterrädern der Favoriten gekauert und tritt am Ortsausgang unvermittelt scharf an. Die Kieselsteine spritzen auf, nur halbherzig sprinten ein, zwei pflichtbewusste Nachwuchsfahrer hinterher. Mit schnellen Tritten reißt Wolfgang Lötzsch eine Lücke zwischen sich und das Feld. Und dann passiert, was nicht passieren darf: Die Attacke bleibt unbeantwortet, sie lassen ihn ziehen.

Matern, Scheibner, Ampler und Schur schauen sich achselzuckend an. Soll Lötzsch doch davonfahren und sich in Erkner seine kleine Prämie abholen, drei Torten vom Bäckermeister. Er wird sein Tempo noch bereuen. Und so wächst mit jeder Sekunde des Zögerns der Abstand, entschwindet Wolfgang Lötzsch weiter aus dem Blick des Hauptfeldes.

Nun ist er allein auf der Straße und tritt hohe Gänge, ganz so, als bestreite er ein Steherrennen. Mit geschmeidiger Eleganz, die so leicht aussieht und doch so kraftvoll daherkommt, tritt er in die Pedale. Das ist der Stil des Wolfgang Lötzsch. »Souplesse« würden die Franzosen anerkennend sagen.

Natürlich hat sich Wolfgang Lötzsch wegen der Prämie aus dem Feld gelöst und angegriffen. Ein wertvolles

Kofferradio hat Reporter Heinz-Florian Oertel traditionell an der zweiten Sprintankunft ausgelobt, wertvoller als die Siegprämie, das will er sich holen. Vielleicht kann er es daheim in Karl-Marx-Stadt tauschen – gegen Reifen, Felgen, ein Lager.

Schon passiert er die ersten Häuser, schon begleitet ihn der Applaus, schon flattert Musik an sein Ohr, immer dichter wird das Spalier der Menschen. In Potsdam fliegt Lötzsch um die Kurve, an den Straßen jubeln ihm hunderte Zuschauer zu. Sie haben längst über das Radio erfahren, wer da vorneweg fährt und die Spitzenfahrer düpiert. Dann gehört ihm das Kofferradio, und so plötzlich wie der Applaus über ihn hereingebrochen ist, ist Wolfgang Lötzsch wieder allein auf weiter Strecke.

Ein Motorradfahrer bedeutet ihm: fast vier Minuten Vorsprung auf das Hauptfeld. Lötzsch fragt nach, er kann es kaum fassen, sie haben ihn davonfahren lassen. Mit der zweiten Luft tritt er noch einmal energisch in die Pedale. Er fühlt sich gut, die Hitze macht ihm nicht zu schaffen. »Andere haben schnell gestöhnt, wenn es ein bisschen heißer wurde. Ich war immer froh, wenn die Sonne schien. Besser als im Schnee und Matsch zu radeln.«

Er erreicht Potsdam und passiert die russischen Kasernen. Die Fahrer fürchten die Strecke, denn die Ketten der Sowjetpanzer haben bei ihren Übungsfahrten das Pflaster aufgerissen. Immer wieder knallt das Vorderrad in die Schlaglöcher, werfen ihn Steine aus der Ideallinie. Nur keine Panne jetzt, beschwört Wolfgang Lötzsch und schaut bange hinunter zu den Felgen, die er wie fast das komplette Material gebraucht getauscht hat. Er fährt noch immer einen zwanzig Jahre alten Rahmen vom VEB Diamant, während die Nationalfahrer mit den neuesten Maschinen aus Italien an den Start gegangen sind.

Und so tritt und tritt Wolfgang Lötzsch und ist schon bald an den Kasernen vorbei. Nur wenige Zuschauer stehen hier an den Straßen und sind so überrascht, dass viele ganz vergessen, ihm zu applaudieren. Eine kleine Gruppe haben sie erwartet, vielleicht sogar das ganze Feld, aber nicht diesen einen Fahrer, der als wagemutiger Solist dem Ziel entgegenstrampelt. Dann fährt Klaus Bernhard, der Freund, mit dem Wartburg »Tourist« an ihn heran. Soeben hat er die Nachricht bekommen und kann sie kaum glauben. »Langer!«, beugt er sich aus dem Fenster und verliert beinahe die Kontrolle über das Steuerrad: »Zehn Minuten Vorsprung auf das Feld!«

Wolfram Lindner, der Nationaltrainer, hat an diesem Sonntag Urlaub. Er sitzt zum Nachmittagstee in seiner Wohnung in Pankow und isst Pflaumenkuchen mit Sahne, nebenbei läuft das Radio. Die Sendung »He he, Sport an der Spree« bringt Berichte von der Strecke, und was Lindner da hört, gefällt ihm überhaupt nicht. Lötzschs Vorsprung wächst und wächst, berichtet der Reporter mit heiserer Stimme, und offenbar macht keiner der Fahrer Anstalten, die Verfolgung aufzunehmen. Schon springt der Nationaltrainer fluchend in den Lada und fährt eilends an die Strecke.

In Weißensee angekommen, gibt Wolfram Lindner endlich das Kommando, den Lötzsch einzuholen. Und nun erst, da es noch siebzig Kilometer bis ins Ziel sind, setzt eine Gruppe der Spitzenfahrer mit Matern und Scheibner nach, nun erst treten sie mit letztem Nachdruck in die Pedalen. Sie wissen: Der Vorsprung ist groß, aber nicht uneinholbar – wenn sie nur geschlossen fahren. Immer mehr verschärfen sie das Tempo und bald schon schmilzt der Vorsprung des Ausreißers wie Butter in der Sonne. Erst sind es neun Minuten, bald nur noch acht, dann sieben.

Auch Lötzsch hat von der Verfolgung erfahren. Und obwohl ihm schon hundertsiebzig Kilometer in den Beinen stecken und die Mittagssonne unerbittlich auf die schattenlosen Straßen herniederbrennt, forciert er noch einmal das Tempo. Nun geht er aus dem Sattel und bemerkt kaum, dass sich in Oranienburg die Massen an den Straßen drängen, applaudieren, begeistert seinen Namen rufen. Man sieht ihm die Anstrengung nun deutlich an, salzig brennt der Schweiß auf der Zunge, die Beine werden müde. Nur noch dreißig Kilometer sind es bis zum Ziel auf der Rennbahn in Weißensee.

»Durchhalten, Langer«, schwört er sich ein, dann ist auch schon der Wartburg mit Klaus Bernhard an seiner Seite und bringt frohe, unglaubliche Kunde. Der Vorsprung ist erneut gewachsen, neun Minuten sind es wieder auf die Verfolger. In diesem Moment weiß Wolfgang Lötzsch, dass er gewonnen hat, dass nichts

139

mehr passieren wird. Und in der Tat: Die Verfolger resignieren und beschränken sich darauf, niemanden aus dem längst zersplitterten Hauptfeld mehr herankommen zu lassen.

Als Wolfgang Lötzsch nach vier Stunden und 52 Minuten auf die Radrennbahn in Weißensee einbiegt, empfängt ihn der tosende Applaus Tausender. Vor Glück strahlend fährt er die letzten Meter bis ins Ziel mit hoch erhobenen Armen und wird sofort umringt von den Zuschauern, die es kaum glauben mögen. Er hat es tatsächlich geschafft, hat mit 31 Jahren seinen Sieg von 1974 wiederholt. Nach alldem, was passiert ist. Und Heinz-Florian Oertel, der Reporter auf der Tribüne, steht vor seiner schwersten Aufgabe des heutigen Tages. Er muss noch achteinhalb Minuten Sendezeit füllen, dann erst kommen die Verfolger ins Ziel.

Es ist ein Sieg mit Folgen. *Der Radsportler* hat für den Triumph des Wolfgang Lötzsch keinen Rennbericht übrig, nur ein winziges Bild zeigt den jubelnden Sieger. Und schnell wird das Gerücht gestreut, die Nationalfahrer seien aus dem Training direkt an den Start gegangen, im Gegensatz zu Lötzsch, der sich speziell vorbereitet habe. »Das war natürlich blühender Unfug«, erinnert sich Wolfgang Schoppe.

Intern hingegen ist die Stimmung schlecht. Am nächsten Morgen greift der allmächtige Manfred Ewald zum Telefon und bittet zum Rapport. Pünktlich um zwölf Uhr mittags trifft der komplette Trainerstab der DDR-

Amateure beim allmächtigen Chef des Sportbundes ein. Der lässt die Trainer zunächst warten, dann werden sie vorgelassen. Ewald ist stinksauer und fährt die Trainer an: »Ihr fahrt nach Mexiko ins Trainingslager und esst Bananen. Der Lötzsch sitzt daheim und futtert Butterbrote. Wie kann es da sein, dass Lötzsch gewinnt?«

Diese Frage wissen auch die Trainer nicht zu beantworten. Wolfgang Lötzsch wüsste vielleicht eine Antwort. Der aber ist schon auf dem Weg zurück nach Karl-Marx-Stadt. Auf dem Dach des Wartburg »Tourist« ist ein zwanzig Jahre alter »Diamant«-Rahmen montiert. Und auf dem Rücksitz steht ein nagelneues Kofferradio.

Kandidat der Arbeiterklasse

Am 14. August 1985 schreibt Wolfgang Schoppe, inzwischen Vorsitzender der Kommission BSG-Rennsport beim Deutschen Radsportverband, einen Antrag. Er ist an das Büro des Präsidiums des DRSV gerichtet. »Auszeichnung des Sportfreundes Wolfgang Lötzsch mit dem Ehrentitel: Meister des Sports« steht im Betreff des Briefes, und Schoppe schreibt: »Ich sehe in diesem Vorschlag zur Auszeichnung des seit 1972 unbestritten besten BSG-Sportlers unserer Republik, der mit fast 33 Jahren noch immer Weltklasse-Leistungen vollbringt, nicht nur eine Würdigung des Sportlers Wolfgang Lötzsch, sondern stellvertretend eine Auszeichnung des gesamten BSG-Bereiches, dessen bester Vertreter sie entgegennehmen soll.«

Ein Antrag, der noch zwei Jahre zuvor als offene Provokation gewertet worden wäre. Denn lange noch hallt das Tönsmann-Wort vom »Knastbruder« Lötzsch in den Gremien des Radsportverbandes nach. Kein Funktionär will durch allzu große Milde im Umgang mit dem aussortierten Wolfgang Lötzsch auffallen. Aber inzwischen sind nach unzähligen Anträgen Schoppes im Präsidium auch die meisten der großen Rennen wieder offen für die BSG-Fahrer – auch und vor allem für Wolfgang Lötzsch. Der hat in diesem Jahr bereits die Erzgebirgs-Rundfahrt gewonnen und die Internationale Sachsen-Tour, auch bei Berlin–Cottbus–Berlin ist er als Sieger über die Ziellinie gefahren. Und wiederum wird er Zweiter bei den DDR-Meisterschaften in der Einzelverfolgung über 4.000 Meter.

Und noch etwas ist passiert. Wolfgang Lötzsch ist in die SED, die Sozialistische Einheitspartei, eingetreten. Warum er, gerade er, der doch über elf Jahre als vermeintlicher Republikflüchtling verfolgt wurde, der als politischer Häftling zehn Monate im Gefängnis saß, dem die Karriere zerstört wurde, warum gerade er? Das wird ihn kurz vor der Wende der Radsportexperte der Berliner Tageszeitung *Junge Welt*, Manfred Hönel, in einem Interview fragen. Und Wolfgang Lötzsch wird antworten: »Ascota hatte mich zur Radsportspezialabteilung bei Textima delegiert, dort traf ich auf sehr nette Menschen, die mir den Schritt in die Partei erleichterten.« Eine schlichte Antwort, weit entfernt von den wahren Beweggründen.

Wolfgang Lötzsch hat elf Jahre gekämpft. Nun will er nur noch seine Ruhe haben und er will unbehelligt von staatlichen Direktiven Radsport betreiben, wenigstens in den letzten Jahren seiner Karriere. Er ist jetzt 32 Jahre alt und bald werden ihm, das kann er sich ausrechnen, die jungen Talente an den Steigungen davonfahren – »mit dem Finger in der Nase«, das sagt er selber. So nimmt er es dankbar auf, dass man sich in den Führungsetagen von

Motor Ascota und Textima wirklich um ihn bemüht, dass
er an seiner neuen Arbeitsstelle nicht das volle Stunden-
pensum ableisten muss wie noch in der Gärtnerei, sondern ab Mittag auf sein Rad steigen und mit dem Training
beginnen kann. Und schließlich nickt er, als sie ihn bitten,
sich die Sache mit dem Parteibuch doch noch einmal zu
überlegen.

Und weil Wolfgang Lötzsch nun Genosse ist, fällt es dem
Sekretär der SED-Grundorganisation des Trägerbetriebes
Ascota nun auch nicht schwer, den neuen Genossen mit
einem wohlwollenden Gutachten zu unterstützen. »So
wie im Sport zeigt er auch im Beruf großen Ehrgeiz, der
ihm Achtung und Anerkennung im Kollektiv einbringt«,
schreibt Sekretär Leibiger. »Er beteiligt sich aktiv am Bri-
gadeleben, so organisiert er Radwanderungen oder erzählt von seinen Wettkämpfen und Erfolgen.« Und auch
der Vorsitzende der BSG Motor Ascota, Lange, weiß nur
Positives zu berichten: »Wolfgang Lötzsch tritt auch in seinem Arbeitskollektiv vorbildlich auf und wurde Kandidat
der Partei der Arbeiterklasse.«

Wolfgang Schoppe reicht seinen Antrag am 15. August
1985 ein und erhält bereits fünf Tage später eine Antwort
aus dem Präsidium. Doch es ist ein kurzer Brief an den
»werten Sportfreund Schoppe« vom Stellvertretenden
Generalsekretär des Radsportverbandes Gaede, der nur
knapp mitzuteilen hat, »dass eine Auszeichnung mit diesem Ehrentitel in einem Beschluss des Präsidiums des
DTSB vom 17. Dezember 1975 geregelt ist«. Und danach

dürfen »im Radsport Auszeichnungen vorgenommen werden für eine erfolgreiche Teilnahme an Olympischen
Spielen, Weltmeisterschaften und Friedensfahrten.«

Das klingt eindeutig und hat doch einen Schönheits-
fehler: Es gibt diese Regelung nicht. Laut Statuten kann
der 1954 gestiftete Ehrentitel »für hervorragende sportliche Leistungen verliehen werden bei Erfüllung der bestä-
tigten Normen der Sportklassifizierung der DDR«. Das gilt
auch für den Radsport. Für den Stellvertreter Gaede
jedoch ist die Sache klar: »Da diese Kriterien für den
Sportfreund Lötzsch nicht zutreffen, kann unsererseits
der Antrag nicht eingereicht werden.«

Für Wolfgang Lötzsch ist die Ablehnung des Antrags ein
Schlag ins Kontor. Nicht, dass er sich etwas auf den »Meister des Sports« eingebildet hätte. Sie haben ihm den mög-
lichen Olympiasieg gestohlen, was wird ihn da eine
Plakette vom Staat bekümmern? Aber er begreift, dass er
für den DRSV niemals ein normaler Radsportler sein
wird. Er wird für die DDR nicht mehr zu Weltmeisterschaften fahren, er wird nicht an der Friedensfahrt teilnehmen, sie werden ihm Schwierigkeiten machen, solange er Rennen fährt.

Das nächste Jahr sieht einen abermals wild entschlosse-
nen Wolfgang Lötzsch. Die Wut sitzt ihm wieder in den
Beinen. Er trainiert wie ein Besessener, früh morgens
bereits sitzt er auf dem Rad, steigert sein Trainingspen-
sum noch einmal. Und es trifft sich gut, dass nun auch die
letzten Rennen für ihn freigegeben worden sind. Erstmals

nach fünfzehn Jahren ist er 1986 wieder bei der prestige-
trächtigen DDR-Rundfahrt dabei und wird Zehnter.

Dass er den Tribüne-Bergpreis gegen starke Konkurrenz
aus den Clubs holt, ist beinahe ebenso schon Tradition
wie sein Sieg bei der Erzgebirgs-Rundfahrt. Doch Lötzsch
ist nicht gesättigt mit seinen Siegen auf der Straße. Auf der
Bahn, das weiß er, fürchtet ihn der Verband noch mehr.
Wozu er noch immer fähig ist, hat er im letzten Jahr auf
der schweren Bahn im Velodrom von Karl-Marx-Stadt
bewiesen. Auf den Tag genau zur Qualifikation der 4.000-
Meter-Spezialisten bei der Weltmeisterschaft im italieni-
schen Bassana del Grappa startet Lötzsch auf seinem
zwanzig Jahre alten »Diamant«-Rahmen im Velodrom auf
die vier Kilometer, und als die Richter schließlich die Uhr
stoppen, da geht ein Raunen durch das Publikum. Denn
Wolfgang Lötzsch hat die vier Kilometer in einer Zeit
absolviert, die in Italien zu einem fünften Platz gereicht
hätte, und auf den Rängen wird nur die eine Frage diskutiert: Was wäre wohl möglich gewesen mit neuem Material auf der schnellen Piste in Bassana. DDR-Fahrer waren
in Italien nicht am Start. Fehlende Erfolgsaussichten.

Im Jahr 1986 erhält Wolfgang Lötzsch jedoch nur wenige Gelegenheiten, seine Stärke auf der Bahn zu zeigen. Die
DDR-Meisterschaft im Einzelzeitfahren über 50 Kilometer
wird kurzerhand abgeschafft, nachdem Lötzsch vier Mal
in Folge Vizemeister geworden war.

So gut Wolfgang Lötzsch mithalten kann, so erfolgreich
er auch bei den großen Rennen fährt, er wird nicht jünger

und er merkt es. Natürlich fuhr der Franzose Raymond Poulidor noch mit 41 Jahren die Tour de France und der Belgier Joop Zoetemelk wurde mit 39 noch Weltmeister der Profis. Doch längst ist bei den großen Rennen eine neue Generation junger und ehrgeiziger Clubfahrer angetreten, die den älteren Fahrern alles abverlangen. Vorneweg fährt seit Beginn der achtziger Jahre ein junger Sportler, den Wolfgang Lötzschs ehemaliger Trainer Werner Marschner in Gera zum wohl besten europäischen Radamateur jener Dekade geformt hat: Olaf Ludwig.

Zum ersten Mal treffen Lötzsch und Ludwig bei den DDR-Meisterschaften auf dem Sachsenring aufeinander. Natürlich hat Marschner Ludwig zuvor bereits von seinem ehemaligen Schützling und dessen Werdegang erzählt, nun aber sieht Ludwig diesen Wolfgang Lötzsch zum ersten Mal persönlich und ist beeindruckt vom Kämpfer aus Karl-Marx-Stadt – und auch von den beinahe tausend Anhängern, die ihn begleiten. Olaf Ludwig sagt heute: »Ich lernte Wolfgang als fairen Sportler und unbändigen Kämpfer kennen, der zudem ein Riesentrainingsprogramm absolvierte. Seinen Leistungswillen kann man unter den Bedingungen, die seine Karriere kennzeichneten, nicht hoch genug einschätzen!«

Ludwig und Lötzsch verstehen sich gut, denn Kämpfernaturen sind sie beide. Fortan treffen sie sich mitunter heimlich, dann verkauft Olaf Ludwig dem BSG-Fahrer unter der Hand etwas Material – ein streng verbotener Handel für die Clubfahrer. Und auch auf dem Rad schert sich Ludwig wenig um die Direktiven, Lötzsch besonders hart anzugehen. Beide halten sich selbst im aufgeheizten Duell der Club-Fahrer und der BSG-Aktivisten an die Regeln des Fairplay.

»Ich habe mich immer über seine Erfolge gefreut und seine Leistung akzeptiert, wenn er mich geschlagen hat«, sagt Olaf Ludwig. Ein Bild aus dem Jahre 1988 nach der Vier-Etappenfahrt in Großwaltersdorf zeigt ihn und Lötzsch einträchtig auf einer Bank sitzend, zu ihren Füßen eine Kiste Bier. Die Feindschaften und die Kämpfe früherer Jahre sind in diesem Moment weit weg.

Doch die Wut im Bauch des Wolfgang Lötzsch will nicht weichen. Weil der Radsportverband nicht aufhört, ihn zu drangsalieren. Mal fehlt vor dem Rennen plötzlich die erforderliche Lizenz, um kurz nach dem Zieleinlauf wie von Wunderhand wieder aufzutauchen. Mal wird seine Trainingsgruppe dezimiert, weil ein Mitfahrer sein rot-gelbes Trikot des Armeesportklubs mit einer schwarzen Hose kombiniert hat und so eine unangemessene Nähe zur Flagge der Bundesrepublik an den Tag lege, wie der begleitende Trainer urteilt.

Wolfgang Lötzsch entzieht sich den Scharmützeln. Immer häufiger zieht es ihn nun ins Ausland. Ein bisschen was von der Welt sehen will er, und wenn es nur die sozialistischen Bruderländer sind. Er siegt bei der Etappenfahrt der Freundschaft in der CSSR und gewinnt Prag–Karlsbad–Prag, Europas längstes Straßenrennen für Amateure. Und schließlich, im Jahre 1987, fährt er auf

Einladung des Csepel Sportclubs nach Ungarn – ganz allein, ohne Material und finanzielle Hilfe durch die BSG. Der Internationale Csepel-Cup, eine Sechs-Etappenfahrt mit Mannschaftsrennen, Feldrennen, Einzelzeitfahren und Bergpreis, ist das wohl westlichste Rennen des Ostblocks. Sponsoren garantieren für Preisgelder und professionelle Betreuung, die in der DDR üblichen Beschränkungen gelten hier nicht.

Und es wird die wohl schönste Fahrt des Wolfgang Lötzsch in all den Jahren. In einer schnell gebildeten Mannschaft mit russischen und ungarischen Fahrern fährt er auf den frühlingsbunten Straßen am Donauknie und auf der Margareteninsel und bekommt eine Ahnung von der einzigartigen Atmosphäre der großen Rundfahrten. Als das Feld Budapest erreicht, verschärft er das Tempo und umjubelt vom Spalier der Tausenden, die sich hinter den Absperrungen drängen, gewinnt seine Mannschaft das Rennen und er schließlich den Csepel-Cup.

Das Preisgeld aber, so vorsichtig ist er, nimmt Wolfgang Lötzsch nicht an. Aber anschauen will er sich das Geld einmal, und die Veranstalter präsentieren ihm ein Bündel Schweizer Franken, D-Mark und Dollar. Mit zurück nach Hause nimmt Wolfgang Lötzsch stattdessen Qualitätsreifen aus westlicher Produktion. Von den Erlebnissen beim Csepel-Cup zehrt Wolfgang Lötzsch noch im Winter. Wenn es im November stürmt und schneit, muss er nur die Augen schließen und schon sind sie wieder da, die blühenden Bäume, die jubelnden Zuschauer.

Doch zwischen den Jahren, datiert auf den 25. Dezember, erhält Wolfgang Lötzsch ein Schreiben der Rechtskommission des Radsportverbandes. Der Ton ist drohend: »Am Csepel-Cup haben Sie selbst in einer zusammengestellten ungarischen Mannschaft unter der Bezeichnung ›Csepel-Floppy‹ am Wettbewerb teilgenommen und teilweise dazu ein ungarisches Mannschaftstrikot getragen. Durch Ihre Handlungsweise haben Sie gegen die praktizierten Regelungen des Deutschen Radsportverbandes der DDR verstoßen.«

Die Kommission stellt sieben Fragen. Besonders interessiert die Prüfer dabei: »Was erfolgte Ihrerseits mit den Ihnen überreichten Preisgeldern? Haben Sie dieselben für sich verbraucht oder erfolgte eine Abrechnung mit der BSG?« Und dann droht die Kommission eine Startsperre an, »bis zur Klärung der Sachverhalte«. Lötzsch antwortet wahrheitsgemäß. Er wird daraufhin ermahnt und man droht ihm eine erneute Startsperre an.

Ein Jahr später ist Wolfgang Lötzsch wieder dabei beim internationalen Csepel-Cup. Er gewinnt mehrfach die Einzelwertung, und seine Mannschaft landet ebenfalls auf dem ersten Platz. Das ist seine eigentliche Antwort auf das Schreiben vom 25. Dezember.

Eine neue Welt

Wolfgang Lötzsch sitzt vor dem Fernseher und er muss sich vorbeugen, weil er kaum glauben kann, was er da sieht. Über den Bildschirm flimmern Bilder aus Berlin, von einer Mauer, die keine mehr ist, weil fröhliche Menschen auf ihr herumspringen und mit kleinen Hämmern Stücke herausschlagen.

Es ist der 10. November 1989, und einen Tag zuvor hat das Politbüromitglied Günther Schabowski auf einer Pressekonferenz beinahe im Nebensatz die Öffnung der Grenzen zur Bundesrepublik bekannt gegeben. Nun brechen alle Dämme, und für einen Moment überlegt Wolfgang Lötzsch, ob er nicht auch wie so viele Menschen in Karl-Marx-Stadt in sein Auto steigen und einfach losfahren soll in Richtung Westen. Schließlich hat er so lange darauf gewartet, und nun kann jeder, der möchte, in den Westen reisen. Doch dann bleibt er auf dem Sofa sitzen und schaut sich Berlin im Fernsehen an. Der Westen läuft ihm nicht davon.

Wolfgang Lötzsch wartet noch zwei Tage, dann setzt er sich früh am Morgen auf sein Fahrrad und fährt hinaus

aus Karl-Marx-Stadt in Richtung Plauen. Schon auf den Zufahrten zum Grenzübergang Gutenfürst reiht sich ein hupender Trabant an den nächsten, zwischen den Schlagbäumen drängen sich freudige DDR-Bürger, die Stimmung der Wartenden in der ehemaligen Hochsicherheitszone ist euphorisch. Die Grenzer winken die Massen durch, noch nicht einmal einen flüchtigen Blick auf die Papiere werfen sie. Wolfgang Lötzsch fasst den Lenker seines Fahrrads fester und reiht sich ein in die Schlange. Und während er noch seiner Gefühle Herr zu werden versucht, ist er plötzlich im Westen – in Bayern, auf der Straße nach Hof.

Wolfgang Lötzsch radelt an diesem Tag rund 240 Kilometer und er merkt es kaum. In Hof, einer Kleinstadt im Osten Bayerns, herrscht eine Stimmung wie auf einem Volksfest. An jeder Ecke stehen erwartungsfrohe und gut gelaunte DDR-Bürger um ihr Begrüßungsgeld an. Und Wolfgang Lötzsch fährt mit hundert D-Mark in der Satteltasche zurück nach Hause, nach Karl-Marx-Stadt.

Dort überschlagen sich schon bald die Ereignisse. Denn nun bricht alles in Wochen weg, was vierzig Jahre fest gefügt erschien. Nicht nur in der Politik, sondern auch im Sport beginnt schon bald das große Stühlerücken. Natürlich suchen sie jetzt auch in den Sportclubs händeringend nach vorzeigbaren Idolen, nach Helden der neuen Zeit. Und nun, wo es nicht mehr auf den Klassenstandpunkt und die Reinheit der sozialistischen Lehre geht, sondern Zivilcourage plötzlich eine viel gerühmte Tugend ist, da erinnern sich die Offiziellen an Wolfgang Lötzsch, den BSG-Fahrer, den Paria des DDR-Radsports.

Schon wird der Bezirksvorsitzende des DTSB bei ihm vorstellig. Ob er sich vorstellen könne, nun doch wieder Mitglied im Sportclub Karl-Marx-Stadt zu werden, fragt er an. Viele Jahre hatte Wolfgang Lötzsch nichts weniger als das im Sinn. Aber plötzlich ist vieles möglich. Wolfgang Schoppe, der ehemals verdächtige Fluchtgehilfe, wird der erste frei gewählte und zugleich letzte Präsident des DDR-Radsportverbandes. Nun kann Wolfgang Lötzsch in die Nationalmannschaft der DDR berufen werden, auch eine Teilnahme an der Friedensfahrt ist für Lötzsch kein Problem mehr. Doch Wolfgang Lötzsch wird die berühmte Rundfahrt nicht mehr bestreiten.

Denn vor ein paar Tagen hat Rudi Altig angerufen. Der Ex-Profi ist inzwischen sportlicher Leiter beim Bundesligisten RC Hannover. »Langer, willst du nicht nach Hannover kommen?«, fragt Altig: »Wir könnten dich hier gut gebrauchen. Und du kannst nachholen, was sie dir in den ganzen Jahren vorenthalten haben.« Da muss Wolfgang Lötzsch nicht lange überlegen. Er bespricht sich mit seiner Lebensgefährtin Annerose Langer, dann sagt er bei Altig zu.

Drei Jahre lang fährt er für den RC Hannover, drei Jahre lang holt er Versäumtes nach, fährt er bestes Material, fährt er große Rennen. Bei der Mittelmeer-Rundfahrt radelt er als einer der wenigen Amateure Reifen an Reifen mit dem fünfmaligen Tour-Sieger Miguel Indurain, mit den Stars Gianni Bugno, Alex Zülle und Greg LeMond. Beim hochklassig besetzten Frankfurter Eintagesklassiker »Rund um den Henniger Turm« ist er ebenso dabei wie bei Rennen in den Niederlanden, in Belgien, Frankreich und Italien. Wolfgang Lötzsch genießt jedes Rennen, jeden Meter, den er fährt.

Und dann wird Wolfgang Lötzsch im Alter von vierzig Jahren tatsächlich Deutscher Meister. Altig hat ihn für ein Viererteam mit Mario Hernig, Bernd Dittert und dem einheimischen Fahrer Patrick Lahner nominiert, das auf einer abgesperrten Autobahnstrecke bei Wangen im Allgäu den Titel im Mannschafts-Zeitfahren über die Strecke von hundert Kilometern holen soll. Um keine Zweifel aufkommen zu lassen, legt das Team aus Hannover sofort ein höllisches Tempo vor. Bereits nach der ersten Zeitnahme ist klar, dass niemand im Feld die Niedersachsen ernsthaft gefährden kann. Am Ende ist der Vorsprung deutlich, überglücklich fallen sich die Fahrer aus Hannover um den Hals.

»Ein Radstar fuhr der Vergangenheit weg«, wird am Tag darauf die *Bild*-Zeitung schreiben. Zur Siegerehrung drängen sie sich zu viert auf das Podest und warten auf die Hymne. Als sie gespielt wird, überkommen Wolfgang Lötzsch die Tränen. Er weint und weint und weint. Es sind Tränen aus zwanzig Jahren.

»Ich werde in Karl-Marx-Stadt wohnen und DDR-Bürger bleiben«, hat Wolfgang Lötzsch 1989 dem Reporter Manfred Hönel gesagt, bevor er ins westdeutsche

Hannover wechselte. Doch bald schon heißt Karl-Marx-Stadt wieder Chemnitz, und aus der DDR werden fünf neue Bundesländer im Osten der Republik. Dennoch, in die Heimat kehrt Wolfgang Lötzsch nach vier Jahren zurück.

In Chemnitz erwartet ihn eine neue Welt mit neuen Regeln. Zum ersten Mal in seinem Leben ist Wolfgang Lötzsch, der gelernte Datenfacharbeiter, arbeitslos. Seine Planstelle bei Textima ist bereits vor seinem Wechsel nach Hannover im Dezember 1989 ausgelaufen, und eine neue Arbeit zu finden, die ihm Zeit für das tägliche Training auf dem Rad lässt, ist im Chemnitz der unmittelbaren Nachwendezeit nahezu aussichtslos. Die Mitarbeiter beim Arbeitsamt zucken mit den Achseln, es gibt zu viele Bewerber von seiner Sorte.

Wolfgang Lötzsch muss erkennen, dass sich andere in der Zwischenzeit bereits um ihr Auskommen gesorgt haben. Manch einem Offizier aus der Bezirksverwaltung der Staatssicherheit begegnet er nun wieder – nicht auf dem Kaßberg und nicht im Jagdschänkenweg, sondern in Versicherungsagenturen und Autohäusern.

Dass Wolfgang Lötzsch schließlich doch Arbeit findet, hat er der Vermittlung von Wolfgang Schoppe zu verdanken. Eine ABM-Stelle als Jugendtrainer im Sächsischen Radfahrerbund ist genehmigt worden. Er soll den Nachwuchs betreuen, talentierte Jugendfahrer ausbilden, Kurse für Einsteiger anbieten. Sein direkter Vorgesetzter ist ein alter Bekannter: Es ist sein ehemaliger Trainer

Roland Kaiser, inzwischen Fachwart im Radsportverband. In Wolfgang Lötzschs Akte steht er als »Siegfried Polland«. Als Lötzsch dem Team »Bunte Berte« bei der Friedensfahrt als Mechaniker aushilft, muss er sich die Freistellung von Kaiser genehmigen lassen.

Er weiß nun, wer ihn bespitzelt hat: Fünfzig Inoffizielle Mitarbeiter waren im Einsatz, dreiunddreißig von ihnen kennt er nun mit ihren Klarnamen. Kurt Voigtmann, der stellvertretende Vorsitzende des Sportclubs Karl-Marx-Stadt war IM »Kurt«, Manfred Keller war IM »Dietrich Roth«, Johannes Friedrich war IM »Robert«. Und sein ehemaliger Freund Christoph Hähle war »Wolfgang Lindner«. Die beiden haben kein Wort mehr miteinander gesprochen, seit Wolfgang Lötzsch in seiner Akte Hähles Notizen entdeckt hat. »Wenn er nach der Wende gekommen wäre und mir erklärt hätte, warum er das getan hat, dann hätte man sich unterhalten können«, sagt Lötzsch.

Christoph Hähle führt heute einen Radsportladen in der Nähe von Chemnitz und ist sich auch nach zwanzig Jahren keiner Schuld bewusst. Ganz im Gegenteil. »Ich habe zusammen mit seinem Führungsoffizier versucht, ihn wieder an den Radsport heranzuführen. Dass er mir daraus jetzt einen Strick dreht...«

So wie Christoph Hähle verhalten sich alle Inoffiziellen Mitarbeiter aus der Akte des Wolfgang Lötzsch. Ausnahmslos. Sie zucken mit den Achseln, winken ab. Nicht einer findet in all den Jahren den Weg zu Wolfgang Lötzsch – nicht einer aus 1.500 Seiten Akte.

Wolfgang Lötzsch fährt noch drei Jahre lang für die neu gegründete Radsportgemeinschaft Chemnitz, dann beschließt er, dass endgültig Schluss mit dem aktiven Sport sein soll. Am 28. Juni 1995 findet im Altchemnitz-Center das Abschiedsrennen für Wolfgang Lötzsch statt, ein Kriterium über rund vierzig Kilometer. Noch einmal sind viele gekommen, die ihn durch seine Karriere begleitet haben. Wolfgang Schoppe aus Leipzig, die Steher Dieter Hiller, Ronald Hempel und Günter Gottlieb, Prominenz wie Thomas Barth, Jens Voigt, Olaf Jentzsch und Jan Schur. Auch Jens Heppner vom Team Telekom ist dabei.

In strömendem Regen werden sie auf die Reise geschickt, zuvor hat der Oberbürgermeister von Chemnitz, Dr. Peter Seifert, das Wort ergriffen: »Wir könnten jetzt vielleicht einen Weltmeister oder Olympiasieger ehren, wenn nicht verschiedene Leute etwas gegen Wolfgang Lötzsch gehabt hätten«, ruft er den 2.500 Zuschauern zu und verspricht, solange er im Amt sei, werde Wolfgang Lötzsch immer Arbeit haben.

Das Rennen steht ganz im Zeichen des Wolfgang Lötzsch. Das Tempo ist von Beginn an hoch, nach drei Runden rutscht sein Rad auf dem nassen Asphalt zur Seite, und Wolfgang Lötzsch stürzt. Doch das ist sein Rennen, und wenige Sekunden später sitzt er bereits wieder auf dem Rad. In der zehnten Runde attackieren Lötzsch, Heppner und Voigt und sind plötzlich auf und davon. Der Vorsprung wächst kontinuierlich, am Ende spurten die drei Ausreißer um den Sieg, Wolfgang Lötzsch gewinnt. Es ist der letzte von 550 Siegen, die er in seiner Karriere herausgefahren hat.

Nach dem Rennen wird gefeiert. Wolfgang Lötzsch wird von den Zuschauern umjubelt, und noch einmal wird Rückschau gehalten. Spät am Abend fährt Wolfgang Lötzsch auf seinem Fahrrad nach Hause, berauscht vom Glück und von den Ovationen. Und er hat noch im Ohr, was der Oberbürgermeister vor dem Rennen gesagt hat. Dass er immer Arbeit haben wird.

Am 25. Oktober 1995 erhält der Chemnitzer Wolfgang Lötzsch in Berlin aus den Händen des Bundespräsidenten Roman Herzog das Bundesverdienstkreuz. Weil er dem Unrechtsstaat widerstanden hat. Im Dezember 1995 wird seine ABM-Stelle nicht wieder verlängert.

Aufrecht im Sattel

Ein Abend im Juli 2004. Wolfgang Lötzsch steht auf dem Hinterhof eines Hotels im Leipziger Stadtteil Paunsdorf, in der Hand einen seifigen Schwamm. Die zweite Etappe der Sachsen-Rundfahrt von Löbau nach Leipzig ist vor zwei Stunden zu Ende gegangen, Olaf Pollack hat sie im Sprint gewonnen, ein erfolgreicher Tag für das Team Gerolsteiner.

Für die Fahrer ist der Arbeitstag bereits vorbei. Bevor Wolfgang Lötzsch Feierabend machen kann, muss er noch drei Räder waschen und putzen. Anschließend sind die Materialwagen dran. Später am Abend werden die Mechaniker der verschiedenen Radställe noch ein bisschen zusammensitzen, Bier trinken, Würstchen grillen. Später am Abend. »Dauert hier noch ein bisschen«, sagt Wolfgang Lötzsch.

Seit sechs Jahren arbeitet er als Mechaniker im Profi-Bereich, zunächst beim Team Nürnberger, und seit der Rennstall im Jahr 2000 seine Herrenmannschaft aufgelöst hat, beim Team Gerolsteiner. Kein Job für einen, der es mit Mitte Fünfzig ein bisschen ruhiger angehen lassen möchte. Er ist viel unterwegs, während der Rennen muss er ständig hellwach sein, und die Tage auf den Rundfahrten haben für Lötzsch oft fünfzehn oder zwanzig Stunden.

Vor drei Monaten haben sie ihn noch einmal eingeladen, zum Bundespräsidenten Johannes Rau ins Schloss Bellevue nach Berlin. Eigentlich war nur eine Anhörung der Dopingopfer des DDR-Leistungssports geplant: Aber auch Wolfgang Lötzsch ist ja ein Opfer des realen Sozialismus und so soll auch er dem Staatsoberhaupt seine Geschichte erzählen. Also hat er berichtet, von der Ausdelegierung 1972, von den zehn Monaten im Gefängnis, von den Freunden, die ihn verraten haben. Johannes Rau hat genickt, während Lötzsch seine Geschichte erzählt hat, und ihm zwei Fragen gestellt. Dann haben sie wieder über Doping in der DDR gesprochen. Wolfgang Lötzsch hat mit den Achseln gezuckt und ist am Abend zurück nach Hause nach Karl-Marx-Stadt gefahren.

Nun wäscht er gerade das Rad von Gerolsteiner-Sprinter Olaf Pollack. Sorgfältig bürstet er die Pedale, die Kette, den Rahmen und lässt das Rad dann in der Abendsonne trocknen.

Er ist noch nicht fertig mit seiner Geschichte. Viele von denen, die ihn damals bespitzelten und bedrängten, haben heute wieder ihr gutes Auskommen. Das ärgert ihn, aber er kann damit leben. Denn sie haben ihn nicht gebrochen. Wolfgang Lötzsch sitzt aufrecht im Sattel.

**Eine
Karriere
in Bildern**

Wolfgang Lötzsch und Lothar Pfuhl (links)
vor dem Start zu einem Rennen in Dreiwerden.

Vorherige Seite: Wolfgang Lötzsch im Jahr 1967
bei einem Rennen der Jugend B.

Heimrennen: Kriterium in Karl-Marx-Stadt 1967.

Tierische Prämien für die Nachwuchsfahrer bei
Rund um Zettlitz 1969. Was aber führt
Wolfgang Lötzsch an der kurzen Leine?

Die Konkurrenz im Auge behalten:
Wolfgang Lötzsch bei der DDR-Meisterschaft
im Zweier-Mannschaftsfahren 1969.

Gefragtes Talent: Bei der Spartakiade in Buckow
räumt Wolfgang Lötzsch ab. Mit ihm freut sich
auch Vater Alfred (rechts im Bild).

Ein Schaf für den Sieger.

Erfrischung nach dem Etappenfinale in Cottbus.

Bei der DDR-Rundfahrt '71 fährt Wolfgang Lötzsch
im weißen Trikot des besten Nachwuchsfahrers.

Shakehands unter
Teamkameraden:
Wolfgang Lötzsch
und Peter Lantzsch
haben 1971 bei der
DDR-Jugendmeister-
schaft die beiden
ersten Plätze belegt.

Als Sieger darf sich Wolfgang Lötzsch beim
Barkas-Preis 1972 über eine als Handtasche
getarnte Super-8-Filmkamera freuen.

Bei der Mehrkampf-
meisterschaft 1971
wird Wolfgang Lötzsch
Zweiter hinter Christian
Taubert.

173

Den Kampfnamen »Langer« trägt er zu Recht:
Beim Wismut-Preis 1972 posiert Wolfgang Lötzsch
mit Trainer Henry Türke und dessen Tochter.

Wolfgang Lötzsch 1972
im Trikot des Juniorenmeisters.

Wolfgang Lötzsch und
sein Fanclub: Das
»Honig-Team«.

175

Beim Kriterium im
sächsischen Brander-
bisdorf.

Im Trikot von Wismut Karl-Marx-Stadt entscheidet Wolfgang Lötzsch im Sommer 1973 den 17. Internationalen Tribüne-Bergpreis für sich.

Erster Lauf zur DDR-
Kriteriums-Meister-
schaft im Juli 1973:
Sieger Gonschorek vor
Lötzsch und Pfuhl.

In Adorf gibt Wolfgang Lötzsch dem
Nationalfahrer Bernd Drogan bei einem
Prämiensprint das Nachsehen.

Wilde Mähne: Wolfgang Lötzsch nach seinem
Erfolg bei »Rund um Schleusingen« 1973.

Mit einem einfachen »Diamant«-Rahmen wird
Wolfgang Lötzsch im September 1973 DDR-
Meister in der Einzelverfolgung. Sichtlich stolz
ist auch Trainer Henry Türke.

Trotz Ausdelegierung aus dem Sportclub:
Viele Zuschauer und Zuschauerinnen fiebern
weiter mit dem BSG-Fahrer Wolfgang Lötzsch.

Das von der Staatssicherheit gestreute Gift beginnt zu wirken.
Komische Blicke lasten auf dem Einzelkämpfer im Peloton.

Entschlossenheit im
Blick: Wolfgang
Lötzsch beim Tribüne-
Bergpreis 1974.

Vorherige Doppelseite:
Das »Honig-Team«
1974. Rechts neben
Wolfgang Lötzsch
steht Paul-Willi
Heilmann, der Partei-
sekretär an der TH.

»Rund um Berlin« 1974: Wolfgang Lötzsch auf
dem Weg zum Sieg und nach dem Rennen.

DDR-Meisterschaften 1974 auf dem Sachsenring:
Lautstarke Unterstützung für Wolfgang Lötzsch.

Beim traditionellen
Berlin–Angermünde–
Berlin: Wolfram Kühn,
Michael Schiffner,
Wolfgang Lötzsch (von
links).

Der Traum von den Rennen im Westen:
Wolfgang Lötzsch 1976 bei der Olympia-
Ausscheidung in Falkenburg/Elster.

Auch bei der Querfeldein-Meisterschaft der DDR
fährt Wolfgang Lötzsch aufs Podium.

Siegerehrungen bleiben auf der Tagesordnung:
Nach einem Rennen in Berlin (oben) und
bei der BSG-Bestenermittlung (unten).

Wolfgang Lötzsch
im Jahr '82 auf
der Leipziger
Radrennbahn.

Wolfgang Lötzsch
1982 im Trikot der BSG
Ascota Karl-Marx-Stadt.

Nächste Doppelseite:
Beim Kriterium in
Karl-Marx-Stadt.

Auf dem Weg zu einem seiner größten Triumphe: Wolfgang Lötzsch als früher Ausreißer bei »Rund um Berlin« 1983.

Geschafft! Nach neun Jahren wiederholt
Wolfgang Lötzsch 1983 auf der Radrennbahn von
Weißensee seinen Sieg beim ältesten deutschen
Radklassiker »Rund um Berlin«.

Das Podium von Berlin–Leipzig im Frühjahr 1985:
Lötzsch (2.) – Lux (1.) – Radtke (3.).

Im Velodrom von Karl-Marx-Stadt fährt Wolfgang Lötzsch 1985 den bis 2001 gültigen Bahnrekord.

Nächste Doppelseite: Wolfgang Lötzsch als Solist bei der Erzgebirgs-Rundfahrt.

DDR-Straßenmeisterschaft 1986 in Schleiz:
die Spitzengruppe am legendären Anstieg
»Lug ins Land«.

Das Zielfoto muss entscheiden: Olaf Ludwig sichert
sich den Meistertitel mit hauchdünnem Vorsprung
vor Uwe Ampler und Wolfgang Lötzsch, der zehn
Meter vor dem Zielstrich noch vorn lag.

Der Wartburg »Tourist«, mit dem
Wolfgang Lötzsch zu allen Rennen fährt –
hier bei der Thüringen-Rundfahrt 1986.

Blumen und Medaillen für die drei
Erstplatzierten bei der DDR-Meisterschaft 1986
in Schleiz – Ampler, Ludwig, Lötzsch (v.l.).

Der Charmeur: Wolfgang Lötzsch und die Damen
von der BSG Ascota Karl-Marx-Stadt.

Verschnaufen nach einem harten Tag im
Rennsattel: Mitte der achtziger Jahre wird
Wolfgang Lötzsch zu allen Rennen von
Annerose Langer begleitet.

Gemütliches Zusammensein nach einem Rennen in Großwaltersdorf 1988.
Zur Linken: Olaf Ludwig umarmt Annerose Langer – daneben Wolfgang
Lötzsch. Ganz rechts sitzt Trainer Werner Marschner.

Wolfgang Lötzsch und Gus-Erik Schur im Jahr 1988.

Geruhsame
Stunden am
Rande der
Muldental-
Rundfahrt 1988.

Bei der DDR-Rundfahrt 1988 startet erstmals eine offizielle BSG-Auswahl.:
Gebhardt, Goetze, Latocha, Tinius, Oßowski, Lötzsch (von links).

1988 organisiert Günther Fassmann private
Rennen: Alle Fahrer müssen Profitrikots tragen.

Auch 1989 ist
Wolfgang Lötzsch nur
Zuschauer bei der
DDR-Rundfahrt.
Diesmal hindert ihn
ein Muskelfaserriss
an der Teilnahme.

222

Zwei große Radsportler
Seite an Seite bei der
Thüringen-Rundfahrt
des Jahres 1989:
Wolfgang Lötzsch
und Olaf Ludwig.

Wolfgang Lötzsch mit Annerose Langer und
Thilo Fuhrmann bei einem Rennen in Langenau.

Wolfgang Lötzsch bei der Deutschen
Meisterschaft im Zeitfahren 1990.

Nach der Wende
fährt Wolfgang
Lötzsch im Trikot
des HRC Hannover.

Beim Bundesliga-Rennen
in Bolanden 1992.

Dauerhafte Verbindung: Werner Marschner,
der Trainer, der sich 1972 als Einziger gegen
die Ausdelegierung seines talentiertesten
Fahrers zur Wehr gesetzt hat, gratuliert Wolfgang Lötzsch zum vierzigsten Geburtstag.

Bei der Deutschen Zeitfahrmeisterschaft
1993 in Stadtlohn.

1993 bestreitet Wolfgang Lötzsch die
Bundesliga-Rennen im Trikot der RG Chemnitz.

Aus der Hand von Bundespräsident Roman Herzog
erhält Wolfgang Lötzsch den Verdienstorden der
Bundesrepublik Deutschland.

Nächste Doppelseite: Das Abschiedrennen. Mit
dabei sind Maik Landsmann, Wolfgang Schoppe,
Wolfgang Lötzsch, Andreas Bach, Danilo Hondo,
Thomas Barth und Jens Heppner (von links).

»Treff der Alten«1994: Wolfgang Lötzsch, SRB-
Präsident Prof. Dr. Junker und Wolfgang Schoppe.

Wolfgang Lötzsch als Mechaniker bei der Friedensfahrt: 1995 für die Mittel-
deutsche Auswahl (links) und 2001 für das Team Nürnberger.

Trainingslager auf Mallorca:
Wolfgang Lötzsch mit Erik Zabel und Artur Tabat.

Eine Karriere in Zahlen

1966
Spartakiadeteilnehmer

1968
Spartakiadeteilnehmer

1970
3 x 1. Platz und 1x 2. Platz bei der Spartakiade

1971
4 x 1. Platz bei der DDR-Meisterschaft
1. Platz Juniorensternfahrt

1972
1. Platz Internationaler Barkaspreis
1. Platz Preis der SDAG Wismut
1. Platz Rund um Schleusingen
1. Platz Rund um Zettlitz
1. Platz Preis der LPG Großwaltersdorf
1. Platz Internationale Radsportwoche

3. Platz 4.000-Meter-Einzelverfolgung bei der
DDR-Bahnmeisterschaft

1973

1. Platz Zeulenroda
1. Platz Rund um Schleusingen
1. Platz Internationaler Tribüne Bergpreis
1. Platz 4.000-Meter-Einzelverfolgung bei der
DDR-Bahnmeisterschaft
1. Platz Burgstädt
2. Platz DDR-Meisterschaft Kriterium

1974

1. Platz Rund um Drebkau
1. Platz Internationaler Barkaspreis
1. Platz Limbach/Oberfrohna
1. Platz Internationaler Tribüne Bergpreis
1. Platz Preis der SDAG Wismut
1. Platz Internationale Radsportwoche
1. Platz Ludwigsfelde
1. Platz 4.000-Meter-Einzelverfolgung bei der
DDR-Bahnmeisterschaft
1. Platz Brand Erbisdorf
1. Platz Bad Saarow
1. Platz Internationaler Sommerbahnpreis 4.000-Meter-
Einzelverfolgung
1. Platz Rund um Berlin
DDR-Rekord 4.000-Meter-Einzelverfolgung

1975

1. Platz Brand Erbisdorf
1. Platz Internationaler Sommerbahnpreis 4.000-Meter-Einzelverfolgung
1. Platz Görlitz
1. Platz Berlin Zeppelinplatz
1. Platz Berlin Alexanderplatz
1. Platz Rund um Berlin

1976

1. Platz Falkenberg/Elster
1. Platz Rudolstadt
1. Platz Halle

1981

2. Platz DDR-Meisterschaft 50-Kilometer-Einzelzeitfahren

1982

3. Platz DDR-Meisterschaft Kriterium
3. Platz Berlin–Cottbus–Berlin
2. Platz DDR-Meisterschaft 50-Kilometer-Einzelzeitfahren
1. Platz Eisenhüttenstadt
3. Platz Prag–Karlsbad–Prag
1. Platz Forst
1. Platz Terbst

1983

1. Platz Flöha

1. Platz Karl-Marx-Stadt
1. Platz Vier-Etappenfahrt Großwaltersdorf
1. Platz Rund um Berlin
2. Platz DDR-Meisterschaft 50-Kilometer-Einzelzeitfahren
1. Platz Erzgebirgs-Rundfahrt
3. Platz DDR-Meisterschaft Kriterium

1984

1. Platz Gersdorf
3. Platz 4.000-Meter-Einzelverfolgung bei der
DDR-Bahnmeisterschaft
2. Platz DDR-Meisterschaft 50-Kilometer-Einzelzeitfahren
2. Platz DDR-Meisterschaft Kriterium
3. Platz Prag–Karlsbad–Prag
DDR-Rekord 5.000 Meter Einzel

1985

2. Platz Berlin–Leipzig
1. Platz Halle
2. Platz 4.000-Meter-Einzelverfolgung
bei der DDR-Bahnmeisterschaft
1. Platz Berlin-Cottbus-Berlin
1. Platz Internationaler Sommerbahnpreis 4.000-Meter-
Einzelverfolgung
1. Platz Erzgebirgs-Rundfahrt
1. Platz Oly II Bahn 4.000-Meter-Einzelverfolgung
1. Platz Internationale Sachsentour
2. Platz Prag–Karlsbad–Prag

1986

3. Platz DDR-Meisterschaft Straßenrennen Einzel in Schleiz
1. Platz FDGB-Pokal Tausend-Kilometer-Straßenvierer
in Forst
1. Platz Großer Preis der DDR Leipzig
1. Platz Internationaler Tribüne Bergpreis
1. Platz Erzgebirgs-Rundfahrt
1. Platz Prag–Karlsbad–Prag
1. Platz Drushba Tour

1987

1. Platz Einzelzeitfahren bei der Wettkampfserie DHfK
1. Platz Meszek Cup
1. Platz Rund um Schleusingen
1. Platz Internationaler Csepel-Cup
1. Platz Warschau-Lodz
1. Platz Crimmitschau Cross (500. Sieg)

1988

4. Platz Thüringen-Rundfahrt
1. Platz Videoton-Cup
2. Platz Vier-Etappenfahrt Großwaltersdorf
1. Platz Internationaler Csepel-Cup

1989

1. Platz Etappenfahrt in Ostrow
2. Platz Wismut Cup
3. Platz Internationale Sachsentour

1990

1. Platz Hannover
1. Platz Norwegen-Rundfahrt Mannschaft
1. Platz OWL-Rundfahrt / Mannschaft
1. Platz Deutsche Meisterschaft 100-Kilometer-
Straßenvierer
1. Platz Bundesliga / Mannschaft
1. Platz Elxleben
1. Platz Magdeburg
1. Platz Magdeburg / Derny

1991

1. Platz Queidersbach/ Bundesliga-Mannschaft
4. Platz Deutsche Meisterschaft 100-Kilometer
Straßenvierer
8. Platz Harz-Rundfahrt
2. Platz Bundesliga-Mannschaft
1. Platz Internationaler Csepel-Cup
2. Platz Internationale Ungarische Kriteriums-
meisterschaft

1992

1. Platz Berlin–Leipzig / Bundesliga-Mannschaft
3. Platz Deutsche Meisterschaft 100-Kilometer-
Straßenvierer
2. Platz Internationaler Csepel-Cup
5. Platz Bundesliga-Mannschaft

Quellennachweis

Grundlage des Buches ist die 1.500 Seiten starke Akte über Wolfgang Lötzsch, geführt bei der Bezirksverwaltung der Staatssicherheit in Karl-Marx-Stadt, dem heutigen Chemnitz.

Des Weiteren wurden als Quellen zahlreiche Berichte über die Karriere, die Erfolge und die Tragik des Wolfgang Lötzsch unter anderem aus folgenden Zeitungen verwendet: »Junge Welt – Organ des Zentralrats der FDJ«, »Berliner Zeitung«, »Tribüne – Organ des Bundesvorstandes des FDGB«, »Süddeutsche Zeitung«, »Bild-Zeitung Hannover«, »Zeit« und »Sächsische Zeitung«.

Neben den schriftlichen Quellen und ausführlichen Gesprächen mit Wolfgang Lötzsch selbst wurden zahlreiche Zeitzeugen befragt. Besonders hilfreich waren dabei die Gespräche mit Wolfgang Schoppe aus Leipzig, Vizepräsident beim Bund Deutscher Radfahrer, Geschäftsführer des Sächsischen Radfahrer-Bundes und langjähriger Weggefährte von Wolfgang Lötzsch. Ihm sei ein besonderer Dank für die vielfältige Unterstützung ausgeprochen.

Sehr erhellend gerieten auch die Gespräche mit Werner Marschner, Wolfgang Lötzschs ehemaligem Trainer und Mentor des Radsports in Gera, mit dem ehemaligen Nationaltrainer Wolfram Lindner, mit dem langjährigen *»Junge Welt«*-Sportreporter Manfred Hönel und mit dem Radsportfan Peter Nötzold aus Grüna. Letzterem sei zudem herzlich gedankt für die Statements von Olaf Ludwig, der während seiner Amateurjahre in der Nationalmannschaft der DDR regelmäßig Rennen gegen Wolfgang Lötzsch bestritten hat, und von Annerose Langer, der einstigen Lebensgefährtin des Protagonisten.

Und nicht zuletzt waren auch einige jener Akteure, deren Handeln keine positive Würdigung im vorliegenden Buch erfährt, zumindest zu kurzen Stellungnahmen bereit.

Der Autor

Philipp Köster, geboren 1972 in Bobingen bei Augsburg, ist Chefredakteur des Magazins für Fußballkultur »11 Freunde«. Nebenher schreibt er regelmäßig über sportliche Dinge unter anderem für »Spiegel Online« und »Eulenspiegel«.

Namensregister

Altig, Rudi   70, 71, 82, 83, 85, 101, 153, 154

Ampler, Klaus   17, 18, 21, 67, 133

Ampler, Uwe   132, 136, 215, 216

Armstrong, Lance   27

Bernhard, Klaus   132, 135, 138, 139

Biermann, Wolf   74, 93

Bach, Andreas   235

Barth, Thomas   157, 235

Becker, Joachim   75, 79

Branzke, Lothar   26, 30, 31

Bugno, Gianni   154

Dittert, Bernd   154

Drogan, Bernd   66, 134, 182

Ebert, Michael   91

Egert, Bernd   12, 13

Ewald, Manfred   20, 21, 140, 141

Fassmann, Günther   222

Franik,»Franz«   87, 88, 89, 90

Fischer, Bernd   61

Friedrich, Manfred   156

Fugmann, Werner   46

Fuhrmann, Thilo   227

Gaede, Günter   144

Gauck, Joachim   9

Gaus, Günter   74

Gebhardt, Heiko   222

Gehlert, Siegfried   108, 114

Gensel, Heinz   37, 41, 44

Goetze, Martin   222

Gonschorek, Dieter   180

Gottlieb, Günter   157

Groß, Willi   61

Guillaume, Günter   103

Hähle, Christoph   52,
56, 69, 100, 117, 123, 156

Heilmann, Paul-Willi   190

Hempel, Ronald   157

Heppner, Jens   157, 235

Hernig, Mario   154

Herzog, Roman   158, 235

Hiller, Dieter   157

Hondo, Danilo   8, 157,
235

Honecker, Erich   39

Hönel, Manfred   143

Hülsberg, Ingo   53, 64,
118, 121, 122

Huschke, Thomas   50,
51, 52

Huß, Lothar   68

Indurain, Miguel   153

Jentzsch, Olaf   157

Junker, Dietmar   235

Kaiser, Roland   11, 13,
156

Kapitanow, Viktor   63

Keller, Manfred   156

Kilian, Gustav   70, 84

Kletzin, Detlef   68

Koschmieder, Karl-Heinz
12, 13

Krebs, Wolfgang   118,
122

Kühn, Wolfram   196

Lahner, Patrick   154

Landsmann, Maik   235

Langer, Annerose   129,
130, 153, 219, 221, 227, 248

Lantzsch, Peter   23, 170

Latocha, Heiko   222

Lauke, Gerhard   66

Lebedjew, Gennadi   17

LeMond, Greg   154

Lindner, Wolfram   7, 14,
21, 22, 27, 30, 43, 65, 67,
69, 78, 121, 138, 139, 248

Lötzsch, Alfred   17, 29,
33, 34, 38, 39, 67, 95, 104,
167

Loewe, Lothar   78, 79,
96, 99, 100, 103

Ludwig, Olaf   132, 134,
147, 148, 215, 216, 221,
224, 248

Marschner, Werner   32,
33, 35, 36, 37, 41, 42, 43,
44, 130, 147, 221, 231, 248

Matern, Hans 132, 136, 139

Merckx, Eddy 95

Mielke, Erich 95, 96, 108, 114

Milde, Michael 45

Mittig, Rudi 110

Nitsche, Gabriele 109, 113, 116, 117

Nötzold, Peter 134, 248

Ocaña, Luis 95

Oertel, Heinz-Florian 137, 140

Orzechowski, Bernhard 62

Oßowski, Michael 222

Pierschel, Manfred 123

Pfuhl, Lothar 162, 180

Pollack, Olaf 159, 160

Poulidor, Raymond 147

Pragal, Peter 76, 77, 96, 99, 100

Raab, Uwe 132, 134

Rau, Johannes 160

Rebellin, Davide 8

Sager, Dirk 79, 80, 81, 99

Schabowski, Günther 151

Scheibner, Peter 132, 136, 139

Schiffner, Michael 45, 46, 66, 196

Schiffner, Peter 25, 35

Schlittchen, Dietmar 104, 105, 124

Schoppe, Wolfgang 9, 50, 51, 52, 53, 57, 64, 65, 66, 67, 68, 69, 77, 78, 79, 80, 100, 101, 102, 103, 111, 113, 122, 126, 133, 142, 144, 153, 155, 157, 235, 247

Schur, Gus-Erik 221

Schur, Jan 132, 136, 157

Schur, Täve 21, 35, 49, 133, 134

Seifert, Peter 157

Smolik, Jan 17

Stoph, Willi 71

Tabat, Artur 239

Taubert, Christian 173

Teichmann, Werner 121, 122

Tennler, Paul 24, 28

Tinius, Thomas 222

Tönsmann, Axel 133, 142

Totschnig, Georg 8

Türke, Henry   46, 174,
184

Ullrich, Jan   27

Voigt, Jens   157

Voigtmann, Kurt   35, 37,
156

Voß, Gerhard   51, 52

Wechsler, Helmut   55,
56, 64

Wiedemann, Dieter   17,
29, 34, 42, 43

Zabel, Erik   239

Zoetemelk, Joop   147

Zöller, Günter   7, 29

Zülle, Alex   154

Kurt Stöpel: Tour de France

ISBN 3-936973-10-5

S. Moll; A. Heflik: Das Duell

ISBN 3-936973-11-3

Peter Leissl: Die legendären Anstiege...

ISBN 3-936973-09-1

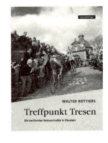

Walter Rottiers: Treffpunkt Tresen

ISBN 3-936973-08-3

Felix Göpel: Mit dem Fahrrad zur WM

ISBN 3-936973-13-X

Tim Moore: Alpenpässe und Anchovis

ISBN 3-936973-05-9

Les Woodland: Das Velodrom der Narren

ISBN 3-936973-06-7

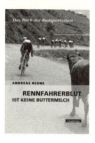

A. Beune: Das Buch der Radsportzitate

ISBN 3-936973-07-5

Helmer Boelsen: Unter Engeln & Kannibalen

ISBN 3-936973-02-4

Rolf Gölz: Mythos Klassiker

ISBN 3-936973-01-6

Paul Kimmage: Raubeine rasiert

ISBN 3-936973-03-2

Hans Blickensdörfer: Salz im Kaffee

ISBN 3-936973-04-0